大震災・原発事故とメディア

放送レポート別冊
housou report

メディア総合研究所・放送レポート編集委員会 編

大月書店

序にかえて

２０１１年3月11日。

この日を境に、私たちはまったく違う世界に足を踏み入れたかのような感覚を覚えます。東北地方から関東地方にかけての太平洋岸に甚大な災厄をもたらした東日本大震災は、発生から四ヵ月が過ぎようとしている今日に至っても、なおその被害の全容がつかみ切れません。震災によって多くの人命が瞬時に失われ、住む家をはじめ貴重な財産が根こそぎ奪われました。さらに、東北地方を中心に、農業・漁業・工業など、さまざまな生産活動が致命的な打撃をこうむって、その影響は今後どこまで続くのか、まったく予断を許さない状況です。

放送局も、その歴史が始まって以来の大惨事に直面しました。これだけの広範囲にわたって、同時に複数の放送局が被災したのは初めてのことです。大規模停電に見舞われ、放送の継続そのものが危ぶまれる中で、各民間放送局は収入源であるＣＭを飛ばして、局の従業員も関連で働く人々も、不眠不休で特別番組を制作・放送し、地震・津波の被害や安否情報、ライフライン情報などを発信し続けました。

そのような努力の跡を少しでも記録に残したいと考え、１９７２年の本誌創刊以来、初めて「別冊」を出版することを急きょ決定し、被災した各放送局の現場で働く皆さんなどに寄稿をお願いしました。普段にもまして激務の続くなか、快く原稿を寄せていただいた各地の皆さんに、この場を借りて厚く御礼申し上げます。

その一方で、地震・津波によって引き起こされた東京電力福島第一原子力発電所の事故をめぐっては、政府や東京電力の対応の不手際に対する不満の声が高まるとともに、テレビをはじめとするマスメディアの報道ぶりにも強い批判が寄せられています。目に見えず、しかし今後何万年と影響を及ぼしかねない放射能を前にして、メディアもその備えが十分でなかったことが露呈してしまいました。「政府や電力会社といっしょになって、情報を隠蔽しているのではないか?」という疑惑の目を市民から向けられていることに対して、メディアの側から有効な反論は聞こえてきませんし、これまで原子力に批判的な番組はごく一部に限られていました。そうした状況は現在も続いている、とも言えます。

このようなメディアに対する不信感が、「本当のことを知りたい」という渇望を、市民の間に植え付けることになったと思います。メディア総合研究所などが主催した公開シンポジウム「原発事故とメディア」(本書所収)に、会場の定員の倍以上の参加希望者がつめかけ、入場制限をせざるをえなくなったことも、そうした情報への渇望の現れと言えるでしょう。

今回のような事態を迎えて、私たちはいよいよ「脱原発」の道を模索せざるをえなくなったのではないでしょうか。そのためには、過去において、原子力利用を推進する政府・電力業界とマスメディアがどのような関係を築いてきたのか、真摯な検証がなされる必要があると思われます。本誌は、微力ながらも、今後ともこの問題に取り組んでいきたいと考えています。

最後に、「別冊」の緊急出版を快く引き受けていただいた大月書店と、本書をご購読いただいた読者の皆様に、心より感謝の意を表しまして、ご挨拶とさせていただきます。

2011年7月

『放送レポート』編集委員会

『大震災・原発事故とメディア』もくじ

序にかえて

放送人が見た――「私の震災体験記」

ふるさとは必ず復興する　渡邉孝之　トラストネットワーク岩手事業部ディレクター　8
手をつなごう。岩手。　三浦裕紀　テレビ岩手労働組合委員長　10
帰社する新幹線の車内で　菊池修司　東北放送労働組合　12
「頑張ろう！」の意味　伊藤拓　ミヤギテレビ労働組合　15
目の前のものを撮り続けた　佐々木巧　トラストネットワーク仙台事業部石巻事務所　カメラマン　18
写真は撮らない　平方恭子　フリーアナウンサー　20
〝安否〟でなく〝行方〟　猪井操子　元東北放送アナウンサー　22
人として試される　早坂まき子　元仙台放送　25
震災による「四重苦」　丸淳也　福島中央テレビ労働組合委員長　27
気になる「差別」問題　青柳浩　テレビユー福島労働組合委員長　30
「がれき」と呼ばない　田中雅子　京都放送ディレクター　32
ひやみかち東北！　真栄城正樹　ラジオ沖縄制作報道部　35

パネルディスカッション
「ラジオに何ができたのか」
パネリスト　関野俊彦（岩手放送）
鹿原徳夫（茨城放送）
大竹茂行（ラジオ日本）
コーディネーター　川島広明（民放労連近畿地連）　38

放送人が見た——
「私の震災体験記」

東北から関東にかけて、空前の規模で災害をもたらした「東日本大震災」。各地の放送局も、また少なからぬ被害を受けました。そのとき、各局の放送関係者は、何を目撃し、どんなことを思ったのか…。震災発生以降三ヵ月を越えて、いまなお多忙を極める業務のなか、被災地の民放労連加盟の労働組合員などにお願いして、震災発生当時の状況や、それぞれの思いをつづってもらいました。（編集部）

ふるさとは必ず復興する

トラストネットワーク
岩手事業部
ディレクター　渡邉孝之

3月11日、14時46分――。

この時、私は岩手朝日放送の担当番組の収録のためスタジオにいた。突然の強い揺れ、今まで経験したことのない大きな地震に思わずスタジオを飛び出した。すぐに、只事ではない地震だということが分かった。次々に、モニターに映し出される信じられない光景、津波が町をのみ込んで行く。「何だこれ!?」まるで実感がわかなかった。映画か何かを見ているような、にわかには信じがたい光景だった。

私が被災地を訪れることになったのは、震災から一週間後のことだった。避難所に避難している人たちが〝今、伝えたいこと〟を取材するため大船渡に向かった。盛岡を出発して二時間、大船渡の町に入ると見たこともない光景が飛び込んできた。私の知っていた町並み、子どもの頃、海水浴で何度か訪れたあのきれいな海は、もうそこにはなかった。そこには町があり、家があり、人々が暮らし、その人々の日常があったはず……。しかし、目の前にあるのは瓦礫の山と折り重なった車だらけのとても静かな町、重油が漏れ出したのか、真っ黒い海が広がっていた。

もちろん、それまで番組や取材された素材などを見て、被災地の状況は分かっていたつもりだった。しかし実際に自分の目で見ると、想像を遥かに超えた悲惨な現状に言葉を失い、そして涙がこみ上げてきた。あの光景は、一生忘れることはないだろう。

正直、避難所での取材はあまり気が進まなかった。あの津波の惨状を目の当たりにした後で、被災した人に何と声をかければいいのか？　しかし一方で、自分に何かできることはないのか？　何かしてあげたいという思いもあった。

避難所でひとりのおばあちゃんに声をかけると、意外な言葉が返ってきた。

「どこから来なさった？　わざわざ、ご苦労様だね」

こんな状況でも、取材しにきた我々を気遣ってくれる。「よろしく頼んます」と頭を下げてくれた。このおばあちゃんの方が大変なはずなのに……、何だか申し訳ない気持ちでいっぱいになった。

そして、カメラを回し始めると「もう家も家具も全部流されて、何にもねぇ、娘とも連絡が取れねぇ……もうどうしていいの分からねぇ……」。急に堰を切ったように、おばあちゃんが泣き始めた。この人は必死に悲しみに耐え、我慢しながら我々に気丈に振る舞ってくれていたのだ。当たり前のことだが、ここは避難所で、ここにいる人たちはみんな家を失ったり、家族を失ったり、日常を失った人たちばかり……。自分は何をやっているんだろう？　本当に、この人たちにカメラを向けていいのだろうか？　さらに申し訳ない気持ちになった。

するると「自分も親戚に無事を伝えたいから取材して欲しい」「私もメッセージ伝えたい人がいるからお願いします」と声をかけてくる人たちが。震災によってライフラインを絶たれ、インターネットや携帯電話、もちろんメールも使えない。どうにかして知人と連絡を取りたい、何とか自分の無事と、現在の状況を伝えたい。今、この人たちには、伝えたいことがあるのに、伝える手段がない。伝えなければならないことが、ここにある。自分には何ができるのか？　テレビには何ができるのか？　自問自答しながら取材を続けた。

さらに数日後、再び避難所での取材をするために、被災地を訪れた。大船渡、陸前高田、宮古、釜石、山田町、どこの町にもまだ瓦礫の山や、押しつぶされた車が並んでいた。

しかし、明らかに以前と違う様子が見られた。少しずつではあるが、道端の瓦礫が取り除かれ、通れなかった道が通れるようになり、比較的被害が少なかったお店では、まだ少ない商品を並べ、ガソリンスタンドでは自力で瓦礫を撤去し、営業を再開させていた。

避難所でも、少し状況が変わっていた。長期に及ぶ避難所の生活で、みなさん疲れている様子はあったのだが、中には「テレビで放送してもらったおかげで、みんなと連絡が取れました」「おかげさまで、今は三食ご飯が食べられるようになりました」など、我々に声をかけてくれる人たちがいた。

つい先日までは、復興なんて考えられない状況だと思った。しかし、みんな少しずつではあるが、確実に復興に向けて歩み出していた。改めて、人間の強さ、粘り強い岩手の人々の底力を思い知った気がした。

今でも、被災者の思いを、きちんと伝えることができたのか？　自分が、みなさんの役に立つことができたのか？　分からない。しかし、自分にできることは微力だが、無力ではない。テレビができること、自分ができること、やるべきことはたくさんある。
ふるさとは必ず復興する！　がんばろう！　岩手。これからも少しでもいいから、あのおばあちゃんのために、みんなのために、自分ができることをやって行こうと思う。

▲岩手県野田村　（IBC岩手放送・江幡平三郎氏撮影）

手をつなごう。岩手。

三浦裕紀　テレビ岩手労働組合委員長

3月11日2時46分。経験したことのない、大きく、長い揺れ。ただごとではないと思いながらも、岩手宮城内陸地震、岩手北部地震とここ数年で何度も大きな地震を経験しているためか、私は、ここまでの大きな災害の始まりという印象は受けませんでした。

地震直後、すべての部署が緊急放送に向け慌しく動き出す中、沿岸のカメラに映し出された津波の映像。この瞬間、この地震が、未曾有の被害を生むものであると感じました。テレビ岩手では、地震直後から緊急放送に切り替え、被害状況を伝えました。携帯は繋がらず、沿岸地域の社員とも連絡が取れない状況の中で、中継車と取材陣は沿岸に向かいました。取材陣がそこで見たものは、衝撃の光景。

「言葉が出ない……」

私たちが知っている町の姿は、もうそこにはありませんでした。

県内全域の停電で、多くの人はテレビを見ることはできない。しかし、テレビ局として報道をすることが使命と考え、テレビ岩手は災害放送を続けました。

繰り返される余震、がれきで多くの道路も遮断され、恐怖と不安を抱えながらの取材が続きました。テレビ岩手本社でも、報道・制作以外のすべての部署の社員が情報収集や食料の調達などに動き回りました。部署の垣根を越え、社員全員ができることをする、そういう意識がみんなにあったと思います。

連日の特番、地震の緊急カットイン。終息が見えない災害報道が続きました。震災のショック、極限の緊張で、疲労すら感じることができない日々。経験したことのない事態に戸惑いながらも、できる限り情報を流し続けました。これは、震災直後、日本テレビをはじめ系列局の方々が応援に来てくれたお陰です。取材応援だけでなく、義援金や物資の供給など全国の皆様からは、温かい支援をいただきました。本当に感謝しています。

さて、テレビ岩手労働組合の話になりますが、震災が起きた11日に、春闘の要求書を完成し、翌週に要求書を提出しようと考えていました。震災により、要求書の提出は延期。組合活動もまったく手がつけられない状況になりました。その後、活動を再開したのは震災から一ヵ月以上たった4月の三週目のことです。執行部では要求を、震災を考慮したものにしなければならないと考え、組合員の声を集めました。予想どおり、意見の多くが、震災に関する手当、有事の際の労働環境についてのものでした。ベアを勝ち取る通常の春闘とは違う、特別な春闘のたたかいがここにスタートしました。執行部では、組合員の切実な願いを会社側に伝えようと、要求書の作成に多くの時間を要しました。

何度も意見を交わしながら、ようやく4月27日、要求書を提出することができました。現時点で、要求に対する回答は得られていませんが、会社側も震災手当などについては前向きな姿勢をとっています。ようやく兆しが見えた営業数字も、震災でどん底にまで落ちています。経営状況の悪化が、夏のボーナス、今後の給与に与える影響も考えられます。

今後、執行部としては、組合員の生活を守るべく最大限の努力をしていかなければならないと考えています。震災後、労働時間は延び、休みもなく働いている組合員が多くいます。営業の数字だけで、組合員の給与を減らされることはあってはならないことです。今まで以上に会社側と根気強く話し合い、労働環境を向上させていきたいと考えています。

テレビ岩手では今、「手をつなごう。岩手。」をキーワードに掲げ、報道を続けています。被災地の住民をはじめ、内陸部の方々も、震災により大きな心の傷を負っています。私たち岩手県民は、みんなで支えあって、この難局を乗り越えていかなければなりません。テレビ岩手も、岩手の復興のために、できる最大限の努力を行っていきます。

今回の震災で民放労連からの義援金をはじめ、ほんとうに沢山の支援をいただきました。ありがとうございます。今は感謝の言葉しか述べることはできませんが、いずれこのご恩を何らかの形でお返しすることをお約束します。

私も震災で家を失いました。家族や友人を失った社員もいます。岩手県では今も尚、震災に苦しむ多くの人がいます。しかし、ようやく一人、一人と前を向き始めています。復興までには長い年月がかかります。これから、私たち岩手県民はみんなで手をつないで、復興へ歩んでいきます。

これまで全国から本当に多くの支援をいただきました。最後に、支援していただいたすべての方に感謝を述べます。

帰社する新幹線の車内で

菊池修司　東北放送労働組合

2011年3月11日、奇しくも私の三六回目の誕生日。ここ数年、自分の誕生日は仕事で遅くなることが多く、家族揃って夕食を取ったような記憶はまずなかった。週末ですら一緒に過ごすことが少なくなっていた今年は、翌日の土曜日から岩手・安比高原へ一泊二日のスキー旅行の予約を入れていた。せめてもの家族サービスのつもりだった。

3月11日13時56分、出張で東京にいた私は新幹線に飛び乗った。スケジュールが立て込んでいたため昼食もとれず、銀行に行き損ねたため財布に現金もほとんど入っていない状態、「すべては仙台に着いてから」と考えながら。

宇都宮を過ぎ、栃木県内を走行中、その時はやってきた。新幹線は大きな異音を立て、傾き、緊急停車——。アナウンスが流れるまで地震と気づくことのなかった乗客の多くが脱線を覚悟したであろう。私は慌ててワンセグを受信、すると日本テレビ系の『ミヤネ屋』が映し出された。ミヤギテレビ報道センターから中継、そこで私は「ついに来たか宮城県沖地震！」と初めて地元の危機に震えることになった。

バッテリーの節約のため車内の照明が落ちてから数時間、避難所へ移動するため私が外に出られた時には深夜1時を回っていた。線路を歩き、バスに乗り込み、着いた先は、とある中学校の体育館。地震発生直後は、家族とメールでやりとりができていたものの、電池が切れかけ無用の長物になっていた携帯電話をやっと充電できる！　しかし、同じことを考えていた人は多く、すでにコンセントの差し込み口は充電器の山、山、山。深夜3時を回り、やっと差し込み口を確保できた私は何とか会社に一報を入れた。しかし、混乱が続く本社からも詳しい情報はつかめなかった。また、家族は、充電が切れたのか、こちらからのメールは送れるものの、返信はなくなっていた。

避難所で、薄い毛布と乾パンと水の支給を受けた私は、とりあえず横になるスペースを確保した。隣にいた出張風のサラリーマン二人がパソコンでインターネットをしながら驚く話をしていた。「仙台で二〜三〇〇人の遺体が上がったってよ」。衝撃的な言葉に、すぐさまパソコンを覗かせてもらった。確かにそんなニュースが画面を占拠し、さらには「陸前高田市は壊滅」。後で聞いた話では、社内でも情報が錯綜し、確度の高い情報としてはこれが最も早い情報の一つだったとのこと。大津波警報が発令されたこの状態で、沿岸部をどこまで目指し中継を全うできるのか、本社の混乱は想像に難くなかった。

避難所でのほとんど眠れぬ夜が明け、情報が錯綜する今、最大の関心事は仙台にいつ戻れるか、そこに絞られた。新幹線が駄目でも在来線やバスがある。誰がその後一ヵ月以上新幹線が走らず、高速道路も通行止めが続くと予想できたか。避難所での情報収集に限界を感じた私は、東京方面への在来線に乗るというJRの勧めに従うしかなかった。連絡が取れなくなった家族が待つ仙台から再び逆に向かうというのは、本当に苦渋の決断であった。

半日かけてたどり着いた東京で目にしたのは、テレビが伝えるあまりに救いのない、東北の惨状だった。TBC（東北放送）からも頻繁に中継が入り、誰もが経験したことのない緊張感が現場に張りつめているのが見て取れた。天井が激しく落下した仙台駅の映像も、一瞬で故郷が焼け野原に変わってしまった衝撃もテレビは容赦なく伝えていた。

結局、私が仙台に戻れたのは、震災の二日後、13日の夜だった。東京に暮らす義理の父親から車を借り、ひたすら国道を北上した。カーラジオを、関東ではTBSラジオに合わせていたが、ひとつ気になるメールをTBS安住アナが読み上げた。それは弊社のアナウンス部長からのメール。「東北放送の自家発電は間もなく限界。悔しい。早く電気が復旧してほしい」。続けて、安住アナは「東北放送では、間もなく電波が止まるとのことです」と伝えた。そんな事態になっているのか——。それに対してあまりに無力な自分。ハンドルを思い切り叩いたことを覚えている。

福島に入り、ラジオ福島の放送で勇気づけられ、いよいよ宮城。ダイヤルをTBCに合わせた。スピーカーからは悲しい雑音が響いた。やはり本当だったのか。後で知ったのだが、TBCは何度かあった停波の危機を乗り越えたものの、ラジオ送信所が津波の被害を受け、本社からの微弱電波での放送に切り替えられていたとのこと。

信号が一つもついていない宮城、自宅近辺にたどり着いても、真っ暗で自分の家が認識できない状況。明らかに東北と関東は違った状況に置かれている——。お互い不安な夜が続いていた家族との再会を果たし、私自身は二日遅れで仙台での奮闘が始まった。

私は数日で憂いからの切り替えを図れたが、今回の震災では日常生活も精神状態もまったく回復していない方が多くいる。先日、労働組合の仲間と石巻市でボランティア活動を行った。詳細は省くが、復興への道のりはまだまだ険しいと感じずにいられなかった。

私たち地元放送局はもちろんだが、長期的支援の中で被災者の精神的負担を少しでも減らしていく努力は全国から可能であると思う。ぜひご協力をお願いしたい。最後に、今回の震災で被害に遭われた方々には心よりお見舞い申し上げます。

「頑張ろう！」の意味

伊藤　拓
ミヤギテレビ労働組合

未曽有の大震災から二ヵ月が過ぎた。

仙台市内中心部には、震災前と変わらない光景が戻ってきた。しかし、津波の被害が甚大だった沿岸部には未だ大量の瓦礫が残っている。今はだいぶ解消されたが、震災まもなく私が取材で行った港街では、冷凍工場から流れ出た魚と倒壊したタンクから流れ出た重油で、街全体が悪臭に覆われていた。一〇年単位で考えていかなければならない復旧・復興への道のりは、始まったばかりである。

この二ヵ月、テレビで流れない日はないフレーズがある。それは「頑張ろう！」というフレーズ。秒単位で勝負をするテレビの世界。三秒、五秒という短い瞬間で、被災された方にメッセージを贈る。それなら、ベストのフレーズは「頑張ろう！」であることは間違いない。

しかし、私には海辺の街で津波の被害にあった方の忘れられないコメントがある。「私たち、これ以上ないくらい、『頑張って』ますよ。これ以上どうすればいいのですか？」と……。常に頭から離れなかったこの方のコメント。「頑張ろう！」の意味を今一度考えながら、震災からこれまでを振り返りたい。

3月11日14時46分。休日だった私は自宅マンションの九階で地震に遭遇した。家族に怪我はなく、即座に会社に向かった。過去の緊急出社の場合、通常なら会社までの所要時間はタクシーでもおおよそ二〇分ほどだが、今回は一時間半ほどかかった。停電で信号は作動せず、各所で渋滞。火災が発生したのか、何台もの消防車とすれ違う。傾いた電柱の傍にもかかわらず、歩道にはたくさんの人が……。

携帯電話の動画機能を使い、被災直後の街のリポートを撮りながら出社したが、会社に到着するとそれ以上に衝撃的な映像が放送されていた。巨大な津波が街ごと飲みこんでいたのである。

中継体制も整いつつあり、私は仙台駅前での中継リポートを指示された。震災直後から交通機関はすべて麻痺、本社屋から仙台駅まで五～六キロの道のりで、さらに外は雪。そこで移動の手段に選択したのは自転車だった。大粒の雪が眼に入る中、路上にあふれる人を避けながら何とか駅まで到着した。いつもは「杜の都」の玄関口として明るく人通りも多い仙台駅。しかし周りは例外なく停電で真っ暗。帰宅のできない人々で溢れていた。到着後、すぐにリポートを開始した。

周りの状況報告に加え、「避難所に行ったが一杯で行き場がない」、「電話が通じず、家族の安否がわからない」といった、駅で被災した人の声を加えつつ、深夜1時過ぎまでリポートを続けた。

一度会社に戻り、三時間ほど休息を取った後の朝5時、今度は津波の被害が出た仙台市内の避難所へ。そこは海岸から四キロほど離れたところだが、田植えにはまだ早過ぎる時期の田んぼに大量の水が張っていた。海水である。

避難所は、震災からまだ一日しか経っていないにもかかわらず、早くも炊き出し用の燃料が不足。まさかここまで津波が来るとは誰も予想しなかっただろう。午後には近くで孤立していた避難所から多くの人が運ばれてきた。この場所は、仙台駅から空いていれば二〇分ほどのところ。そこで多くの方が津波で亡くなり、また多くの方々が命の危機にさらされた。夕方に帰社。私もこの日、初めての食事であるおにぎりを口にした。

その後は、津波の被害が甚大だった海辺の街の取材に当たった。家族を亡くした方、家を流された方、船や養殖施設を失った方、多くの被災された方々からお話を伺った。前述の「これ以上ないくらい『頑張って』ますよ」という話は、このときに伺ったことだ。震災から一ヵ月後、この話を聞いた街で同じ方がこんな話をしていた。「変わらず、みんなこれ以上ないくらいやっています。しかし、一ヵ月たって多くの方が、何もなくなったという現実を改めて認識し途方にくれ、前に進めていない現実もあるのです」と。

ここで本題に戻りたい。

被災された方に放送を通じて「短い時間」で励ますために「頑張ろう!」という言葉がベストであるという結論には変わりはない。しかし、途方に暮れ、この上もなく疲れ果てている被災者に「頑張ろう!」という言葉を贈っていいものなのであろうか？　私自身も放送業務においては「頑張った」つもりではあったが、本当にこれで良かったのか、もっとやれたことがあったのでは？と自問自答する日々。この二ヵ月間、「頑張ろう!」の意味を、震災の放送に向き合う際、常に自分に問いかけてきた。

決して正解ではないと思うが、一ヵ月を過ぎたあたりから自分なりに出した答えがある。それは、「頑張ろう！」という言葉に、いかに「具体性」を持たせるかということ。また、CMで「頑張ろう！」というフレーズが使われている分、自分が仕事として被災者に接するときは「頑張ろう！」以外の表現を使うことだ。

「頑張っているのですから、疲れたら休んでください」

「一歩ずつでいいと思います。ゆっくり前を向いていきましょう」

今まで、放送で実際に使われたフレーズを引用したりもしたが、ありきたりな表現であることは自分でもわかっている。私も「頑張って」適切な表現を探そうとするが、この震災では、どんな言葉を用いても表現しきれるものではないこともわかっている。だからこそ、できる範囲の表現で、少しずつでも被災された方の立場に立って、また被災地の放送局としての放送を送る使命感を持って、マイクを握っている。

震災から二ヵ月。元気に前を向いて生活している人もいれば、まだ悲しみから立ち直れない人もいる。しかしみな精一杯生きている。

一時期、NNN系列から一三〇人近い方が応援に来てくださった。この場を借りて御礼申し上げる。そして、ここからが地元局の勝負であると思う。一〇年単位の復興とも言われる今回の大震災。精一杯生きている人の姿を伝え、後世に伝え続けることこそ、今、テレビに求められていることだと確信している。

▲宮城県女川市　（伊藤拓氏撮影）

目の前のものを撮り続けた

トラストネットワーク
仙台事業部　石巻事務所
カメラマン　佐々木巧

この度の東日本大震災にて亡くなられた方々に深く哀悼の意を表し、被災された皆様に心からお見舞い申し上げます。

生まれて初めて、この目で見た津波は想像をはるかに超えていました。

3月11日、その日の取材は、二日前（3月9日）にあった地震、津波の影響として朝から南三陸町の志津川にいました。この時は養殖施設にも大きな被害もないとのことで、昼過ぎには志津川をあとにしました。その三時間後の志津川は皆さん承知のとおりです。

石巻に戻り、迎えた2時46分、カメラの電源を入れ室内を撮影、まだ揺れは収まらず室外に出たところ、電柱や車が揺れ震えていました。津波警報の発令に、すぐさま日和山に向かうと、既にかなりの人がいました。

河口に向かいレンズをむけ、（津波）到達予定の3時10分、変化なし。そのころには、周辺も渋滞、雪も激しく降っていました。ほとんどの人が河口に目を凝らし海の様子をうかがっていると、市立病院の駐車場に水が溢れだし、車が流され始めました。

目を凝らしていた人々の声があちこちから聞こえ「あぁ、車が……」「水溢れてる……」とまだ軽い感じのものでしたが、次の瞬間、津波……いや、海水の山が眼下の街をのみ込みました。荒れ狂う大河となった流れの中には家や、ライトのついた車が数えきれないほどあり、さっきまでの声は悲鳴や嘆きの声となっていました。そこからはよく覚えてなく、目の前にあるもの、聞こえてくるものを撮り続けたと言ったほうが的確かもしれません。

見える範囲の濁流、避難してきて泣きさけぶ小学生、流れながら燃える家、懸命に連絡をとろうとする人々、降り続く雪の中、日暮れまで撮り続けました。

その後、一旦、市役所に徒歩で出向き情報収集を図りましたが、正確な情報が取れないまま再び日和山へ。この時庁舎はかなりの冠水となっていましたが、その後、二日間も入れなくなるとは思いませんでした。

夜の日和山は空が真っ赤になっていました。下の門脇、南浜地区の火災は勢いを増しており、土手一つ隔てて三台の消防車で日和山への延焼を防いでいました。火の粉がとてつもなく飛び、残った日和山の方々にも避難勧告が出され、撮影など二の次で幼稚園の子どもたちの誘導や車中避難の方々に声掛けを無我夢中で行いました。その日は、火災の状況を車中で観察しながら夜明けを迎えました……。

今回の震災の初動はこれで良かったのかはわかりません。これまでの経験値で、石巻では、地震の揺れ、津波時の安全な場所での撮影、その後の情報収集がほぼマニュアル化しています。しかし、今回は明らかにキャパを超えていました。

そんな中、助かったのは取材車に大型のAC変換機を付けていたこと、非常備品（食料及び取材バックアップ用品）を備えていたことが大きな「力」となりました。また、複数の違う通信網の携帯電話を持っていたこと、何かの時に安否を報告していただけるだろう記者クラブの方々との情報の共有など、外部との連絡がつかなかった間は人のつながりが何よりの支えとなりました。

すべての連絡が取れないなど、後々、問題は多々ありましたが、東日本放送（KHB）本社に素材を持ち込めた時は込み上げるものを抑えきれず、しばらく前室で泣いていました。その後、現場で何度も泣けてきたり、辛かったりしました。これからも幾度となく、そのような場面はあると思いますが、人として前向きな姿勢でいられるよう、心掛けたいと思います。

最後に、さまざまな支援、応援をいただいている株式会社東日本放送、ANN系列各社の方々に、この場をお借りして、御礼申し上げます。

写真は撮らない

フリーアナウンサー 平方恭子

「どうやら、仙台で大きな地震が起きたらしい」

3月11日午後3時を過ぎた頃、兵庫県明石市にある明石公園野球場（楽天対ロッテ戦）記者室では、そんな会話がぽつりぽつりと出始めていました。担当番組（スカイASports＋『楽天わしづかみ』）の取材で記者室にいた私は、手元の携帯で地震情報を確認し、〝震度7〟〝震度6〟の文字に目を疑いながら記者室を飛び出しました。関西では揺れをほとんど感じなかったため、グラウンドでは試合が続いています。

ほどなくして審判団が球場裏へ引き上げ球団関係者と話をしています。「球団関係者や選手の家族の安否確認をしたいので……」「わかりました。では、試合続行しますが、電話の使用は許可します」。試合は続行、安否確認が続く中「これは、試合をしている場合ではない」という雰囲気になり、七回表が終了した時点で試合は中止に。慌しくベンチから出てくる選手やコーチ陣、球団関係者、それぞれが携帯を手に仙台の家族や球団関係者に連絡を取ります。慌しい姿を撮影しようとするカメラクルーに「（監督、選手に）カメラを向けるな！」広報担当者の怒号が飛びます。これまで経験したことのない異常事態に、現場はしばし騒然となり〝本震をまったく経験しない中で感じる得体の知れない恐怖心〟と〝家族知人の安否を慮る不安感〟が球場内を覆っていました。

「東海道新幹線も地震の影響で終日運転を見合わせる」。地震当日、東京の自宅へ帰れなくなった私は大阪での延泊を決めました。ようやく夜8時過ぎにテレビのスイッチをつけ、目の前に映し出される〝津波の映像〟〝沿岸部の被害〟に愕然としました。

大学卒業後、福島放送に入社。局アナとして一〇年間（93年〜03年）同局に勤めた後フリーに転身。その後は東日本放送の報道部で五年間（04年〜09年）取材やリポートを担当しました。「かつての同僚たちが、震災後の報道に奔走している……」。遠く関西で、地震の被害の大きさを知るとともに、同僚たちの安否確認もしたかったのかもしれません。深夜まで続いた同系列（テレビ朝日系列）の地震報道を食い入るように見続けていました。

「自分にできることは何か……」。伝え手として〝震災の何かを伝えたい〟という思いより強かったのは、〝被災しながら頑張っているかつての同僚たちの力になりたい〟という気持ちでした。そこで、今いちばん自分にできるのは〝取材して伝えること〟ではないかと、数年前まで勤務していた東日本放送に報道取材の応援に加わります。3月下旬から4月上旬まで、夕方ニュース『スーパーJチャンネルみやぎ』の取材にあたりました。

最初に担当したのは、仙台空港にほど近い名取市閖上《ゆりあげ》地区の津波で浸水した小中学校の卒業式。被害にあい家族を亡くしたかもしれない子どもたちを前に、私はなかなか声をかけることができませんでした。卒業式の感想、今後について。聞かなくてはいけないことはたくさんありますが、「自分の発した一言が被災地の人たちを傷つけてはいけない」という思いと交錯し、〝一言の重み・難しさ〟に葛藤したのを覚えています。取材しながら、避難所から臨時の転校先に通う子どもたちと触れ合ううちに、自然と私も心のわだかまりが取れ、「復興していく様子が伝えられるなら、その様子をつぶさに伝えたい」という思いへと変わっていきました。

取材時に気をつけたのは①さらすことと、伝えることの違いを考える、②悲惨さより元気さを伝えるという点です。そんな気持ちを後押ししてくれた出会いがありました。名取市役所前で取材クルーと歩いていると、一人の女性が駆け寄ってきて、「テレビ局の方ですよね！　取材ありがとうございます！　私たち大変ですけど元気ですから、いっぱい閖上を紹介して元気づけてくださいね‼」と笑顔で声を掛けて下さったのです。取材自体どこかで被災者の邪魔をしているのではないかと逡巡していた私は、思わず目頭が熱くなりました。沿岸部の小中学校はどこも安否確認や避難所での生活の確保が優先され、それぞれの学校で臨時の補習授業が始まったのは震災から三週間後のこと。入学式や始業式が行われたのは4月下旬です。被災地の子どもたちにとって、学ぶ場の確保もまた時間を要する作業であることを、取材を通して知ったのでした。

東日本放送の取材活動の中で、楽天イーグルスの選手たちが被災地を訪ねる際の同行取材をしました。その前日には、仙台市内で震度6強という大きな余震も経験していた選手たち。大変な状況でも「今行かないと後悔する」という球団側の判断の下、沿岸部の避難所を訪問。津波で押し流された町並みを見て、ただただ言葉のない選手たち。「さすがに何と言ったら良いかわからない。ただ、僕らができることで少しでも被災者の皆さんを勇気づけることができれば」と硬い表情で話します。それでも、〝地元の現状を知ることができたこと〟〝自分たちの役目を再確認できた〟ことは大きかったようで、プロ野球開幕後の快進撃を支える原動力となっていました。被災地とプロスポーツ、勇気づけるのか控えるのか、これは被災地取材や報道の中でも心に留めたいテーマのようにも感じています。

現在も、月に一度、一〇日間くらいのペースで東日本放送の取材を担当していますが、私が一つだけ心がけていることがあります。それは「被害にあった被災地の写真を撮らない」ということ。連日、放送では悲惨な映像が紹介されています。物見遊山のように被災地に集まる人たちのマナーも取り沙汰されています。その中で、私の中の小さな思いは、「悲惨な様子は心に留めて、写真に残すのは復興に向けたパワーと笑顔にしよう」というもの。仙台市内では各飲食店や建物では「がんばろう東北！　がんばろう宮城！」の文字が並び、一人ひとりが力を合わせて難局を乗り切ろうというパワーを感じます。取材した小中学校ではようやく教職員も増員され、子どもたちの〝心のケア〟も始まりました。一歩一歩立ち上がっていく東北の姿を今後も伝え続けることが、復興への一助となってくれたらと思う日々です。

〝安否〟でなく〝行方〟

猪井操子
元東北放送アナウンサー

東日本が揺れたその日、私は実家のある愛媛・松山にいた。東京にいる妹と主人から同時にメールが入った。「東京すごく揺れたよ」「宮城で震度7」。あの巨大地震も、職場の東北放送から一〇〇〇キロ以上離れた実家ではまったく揺れず、実感も湧かない。すぐに荷造りし、松山空港に向かった。

入社して三年。三〇年以内に99％の確率で起きるとされていた宮城県沖地震への準備はできていた。少なくとも、自分はそのつもりだった。緊急時のコメントや自治体や消防、警察などの各連絡先が記載されたマニュアルが一人ひとりに配布されていたし、泊まり勤務の日には、最少四人（アナウンサー・記者・カメラマン・アルバイト）で地震直後の緊急対応ができるよう、訓練も繰り返し行ってきた。社員は県内で震度5以上、または津波注意報以上が出れば、即出社が原則だった。

空港では羽田行きの航空券こそ確保できたものの、運航見合わせ中のアナウンスが繰り返されるのみで、出発の目途が立たない。ただ待つしかない時間、ごった返す待合室でテレビに見入った。いつもニュースを読んでいる馴染みのスタジオから、全国ネットで被災地の様子が次々と放送されていた。聞き慣れた同僚の声が、津波が仙台空港を飲み込んでいることを伝える。もどかしい。私も本来ならそこで働いているのに……。早く駆けつけたい気持ちとは裏腹に、六時間待った末に飛行機は欠航。翌日の始発で東京入りできたものの、交通手段がすべてマヒしていたため、そのまま足止め。翌々日に庄内空港を経由し、バスを乗り継ぎ、鶴岡に一泊。結局、会社に着いたのは地震の三日後だった。

仲間からのSOSメールに、大量の水と食料を買い込んできたが、会社は予想より落ち着いていた。既に非常食は行き渡っていたし、一時は自家発電の燃料切れによる停波のおそれもあったが、最悪の事態は脱していた。早速、アナウンス部の臨時シフトに入る。まず担当したのは、緊急ラジオ特番のスタジオ。スタジオと言っても、普段は一人でニュースを読む、三畳ほどの小さなブースに、ディレクター、二人のアナウンサーが入り、二四時間体制で情報を伝えた。被災状況、ライフライン情報、リスナーからのメール。とにかく読み続けた。

特に何千通と寄せられたのが、安否情報だ。この一つひとつが「命の情報」だと深く考えてしまうと、言葉が出なくなる。感情を封じ、正確にと、皆で心がけた。だが、できる限りの配慮は重ねた。例えば、〝安否〟という言葉。誰も身内の〝否〟を確認したいわけではない。「～さんの〝行方〟を確認したい」と言い替えた。

翌日はラジオカーに乗り、被災地を回った。道路に船が打ち上げられ、車は積み重なり、草やらゴミやらフェンスの高いところにまで絡みついている。初めてじかに見た自分にとって、その様子は衝撃的だったが、放送で詳しくは伝えなかった。地元の放送局として、どんな惨状かよりも、生活に結びつく前向きな情報を拾い、届けることを優先するのが暗黙の了解だった。「ここの店では津波で壊れ、泥で汚れた自転車でも修理してくれる」「自家発電ができるこのマンションでは、住民が自主組織を作り、限られた電力を時間制で使い、携帯を充電している」「断水したエリアの子どもたちが、手作りの水汲みマップを作った」。そんな小さな情報でも、欲してくれた。まだまだ連絡手段の乏しかった県内で、ラジオの有用性を強く感じる。さらに社内に「ツイッター部隊」が創設され、生活情報をつぶやいた。

ジングルもなく二四時間語り続けたTBCラジオが、音楽をかけ始めたのは震災から一〇日後。部分的に通常編成に移行する中で復活した、深夜一五分の音楽番組を担当することになった。リクエストも来ていたし、かけたい曲はたくさんあった。だが、どれをかけるか配慮しながら歌詞を確認するほど、選曲に悩んだ。簡単に立ち上がれとは言えない。震災の苦しみと失恋の辛さ。レベルが違う。ディレクターと繰り返し相談し、初日は『イマジン』などの洋楽、二日目にドリームズカムトゥルーの『何度でも』など邦楽をかけた。「少しでも勇気が出る音楽を……」とごく短いコメントだけを添えて収録。しばし音楽を聴きながらブースに一人いると、張り詰めていた緊張の糸が解けて、泣けてきた。

放送局は恵まれている。キー局などから物資が届き、食事には不自由しなかった。水は二週間ほど出なかったが、寒さはしのげた。ただ、改めて強い精神力が必要だと知る。ご遺族の話を聞く一方で、身元が確認された犠牲者の名前を毅然と読みあげなければならない。大きな余震があったときのためにと避難所の脇に中継車を止め、深夜まで待機した日もあった。「生存者がいるかも」との警察からの連絡で石巻まで中継車を走らせたが、結局は見つからず肩を落とした日もあった。もっと冷静に迅速に動けたのではと後悔したり、時に何が正しいのかわからなくなったりもした。でも、「いつもの耳慣れたアナウンサーの声が聞こえてホッとした」という応援メッセージにまた力をもらえた。

私は結婚に伴い、震災前から年度末の退社が決まっていたため、職場を離れた。この震災報道に途中からの参加、そして途中の離脱。後ろめたさは消えない。同僚たちは、今も復興に向かう地元の情報を伝え続けている。せめて小さくても後方支援を、私にできることは何か模索している。

最後になりましたが、各地の被災者の皆様に、お悔やみとお見舞いを心より申し上げます。

▲宮城県石巻市（猪井操子氏撮影）

人として試される

早坂まき子 元仙台放送

被災者とどのように向き合ったらよいのか、私は悩みました。

フジテレビ系列・仙台放送に在籍していた私は、地元放送局としてどのように被害に遭われた方々と向き合えばよいのか、答えを模索しながら震災報道に取り組むことになったのです。誰もその向き合い方を手とり足とりは、教えてくれません。テレビ局にとっても非常事態、すべての判断は自分に委ねられたといっても過言ではありません。

私は、地震発生直後から二日間、宮城県利府町の「グランディ21」という県営体育館で取材をしました。この体育館は、ご遺体安置所になっていたところです。ここには、若林区や七ヶ浜地区などのご遺体が運ばれてきます。この場所を訪れる人にどのように取材をしたらよいか……少ない時間で考えます。ご遺体を探しにくるということは、行方不明の方と「連絡がつかない」状態で、生存しているか否かを確かめに来ている……ということです。さらに、「この遺体安置所にいるかもしれない」でも「ここにいないで欲しい」という複雑な心境に配慮してマイクを向けなければなりませんでした。

震災から二日しか経っていない頃は、一時間に三～四家族が遺体安置所を訪れていました。その中から取材相手を探す方法は、安置所から出てくる方の顔と雰囲気、仕草を見て判断するしかありません。声をあげて、涙を流している人には声をかけられません。それは、この場所で家族との対面をしてしまったということだからです。肉親を亡くされた方に敢えて聞くのが本来のジャーナリストかもしれません。ですが、私は泣いている人の心をえぐるような取材はしたくない、という思いでした。仙台放送の報道デスクも「無理に話は聞かなくていい、それはお前の判断に任せる。無理をしない範囲で、どういうお気持ちで来られたのかインタビューを撮ってこい」このように私に指示を出していたのです。【無理をしない範囲】というのを私が判断しなければならず、とても緊張感を持ってマイクを握っていたのを覚えています。

震災から三日目、小さな子どもを連れて体育館からお母さんが出てきました。ハンカチを手に、涙は流していませんが、早歩きで車に向かったのです。そのお母さんにとある新聞記者が近づくと「人が死んでいるかもしれないんですからね‼」と、数十メートル離れた場所にいた私たち、仙台放送のクルーにまではっきりと聞こえる怒りがこもった声が響き渡りました。お母さんと新聞記者は何も喋らずにらみ合って数秒……お母さんはそのまま車に乗り込み立ち去りました。この光景を見た私とカメラマンは目をあわせます。「私は泣きじゃくる人にはマイクを向けたくありません。会社もその映像を放送しますでしょうか」すると「その考えでいいと思うよ」とカメラマンも同意してくれたので、ほっと胸をなでおろし、再び取材続行となりました。デスクの言う【無理をしない範囲】をつかみとった瞬間でした。

このご遺体安置所取材を経て、この先の被災者への取材で気軽にマイクを向けてはいけない、こう痛感しました。未曾有の被害によって負った被災者の悲しみは、その人の気持ちにしか分からないということです。沿岸部の避難所で被災者に「大変でしたね」と言ったら、「あなたは家も家族も失っていないでしょう」と言われるかもしれない。「仕事があっていいわね」と言われるかもしれない。その人の気持ちには、完全には自分はなれない……ということです。

しかしながら、「地元メディアの私はなにができるのか」、自分に問いかけて出した結論があります。それは「広める」ことには意義がある、ということです。被害に遭った方以外の、他の地域の人が何かを感じて支援に立ち上がるかもしれない。悲しい気持ちを分かち合うことで、少しでも被災者の負担を軽減できるかもしれない。それが、たとえたった一人でも、取材をして電波を通し広める意義はあるだろうと。

そこに至ったきっかけは、女川町の保育園の先生でした。地震前に取材でお世話になった先生に、3月末避難所で会いました。瓦礫の山と化し、変わり果てた町で再会した先生は、号泣しながら私の手を握り「頑張らなきゃね……そう、頑張らないと」とか細い声で自分に言い聞かせるようにつぶやきました。その時、私は先生にかける言葉が見つからず、先生のつぶやきに何も答えられないまま手を握ってうなずくことしかできなかったのです。その時先生は言いました。「是非、女川に取材に来て知らせて下さいね。みんな頑張っていますから」と。声は涙声で震えていましたが、握ったその手はぎゅっと力がこもっていました。私は「はい」と大きな声で答えました。地震被害を伝えることや被災地の問題点を放送で伝えることは、生き残った人へのエールにも繋がるんだ、とわかりました。

今回の震災報道で、人として報道陣としての力と心が試されたと思います。私の取材方法が正しかったのか、間違っていたのか、その結論は出ません。この震災報道で得たことは、今回の経験で取材対象の心に寄り添う【努力】は、常に念頭におかなければならないということです。その過程で迷い悩むことは決して無駄ではなく、自分で経験して【結論】を出すことが、報道に携わる者として大切なのかと思いました。

震災による「四重苦」

丸 淳也
福島中央テレビ
労働組合委員長

2011年3月11日午後2時46分。三陸沖を震源にした地震が福島県を襲った。私は報道デスクとしてニュースセンター内にいたが、あまりの激しい揺れに我を忘れた。「さすがにもう収まるだろう……」しかし、縦横に襲う激しい揺れは一向に収まらない。女性スタッフの悲鳴が響き、社内にいた全員が社屋前の駐車場へと退避。ようやく揺れが収まった。悪夢としか言いようのない数分間だった。福島県内の最大震度は「6強」だった。

幸い社屋は無事に残り、非常用の電源も確保された。ニュースセンター内の「がれき」を撤去し、最初に福島県の情報を視聴者に伝えることができたのは地震発生から三〇分後ぐらいだっただろうか。しかし、県内の状況を確認しようにも通信網が寸断され情報がない。スタッフに取材の指示を出そうにも連絡がとれない。とにかく、三陸沖で巨大地震が発生したこと、太平洋沿岸に大津波警報が出されていることを繰り返し伝えるしかなかった。通信網が寸断され、思うように情報収集ができない。太平洋沿岸にある唯一の支社、いわき支社のスタッフも、大津波警報が出ている中では、海岸線に取材に向かうことはできない。もどかしい時間が過ぎていった。

不眠不休で、福島県の情報を出し続けて一夜が明けた。朝、NNNの取材ヘリが上空から太平洋沿岸の被災地の映像を映し出した。風光明媚な町並みは、がれきの山と化していた。報道に携わる一人として、これは二〇年、三〇年と向き合っていかなければならない大規模災害だと改めて感じた瞬間だった。

福島県には、太平洋沿岸の四つの町に東京電力福島第一原発（六基）と福島第二原発（四基）の計一〇基の原発がある。福島第一の1号機が運転を開始したのが、1971年（昭和46年）のこと。作られた電力はほぼすべてが首都圏に送られる。首都圏そして日本の発展を支えてきたといっても過言ではない。

その原発が制御不能になっているという情報が入ってきたのは、3月11日の深夜。ただ、記者として何度も取材に入り、「原発は安全」とすりこまれてきた私としては、今のような深刻な事態に陥るとはまったく考えていなかった。どこかで、国を、東京電力を信じていた。

その期待が見事に裏切られたのは、3月12日の午後。福島中央テレビ（FCT）の情報カメラを見ていたスタッフが、第一原発1号機から白煙が立ち上っているのを発見。しばらくすると、建屋が吹き飛んだように見えた。「まさか原発が爆発!?」誰もが信じられない。映像を加工してみると、確かに爆風で建屋が吹き飛ぶ衝撃の瞬間が収められていた。14日には、3号機でも、同様の水素爆発が起きた。人類史上最悪の原子力災害の始まりだった。

今回の原発事故で、福島県では多くの住民が自宅を離れ避難生活を余儀なくされている。地域は分断され、学校から子どもたちの声が消えた。土壌は放射性物質に汚染され農作業もできない。いつふるさとへ戻れるのか道筋すら見えない。そして、飛び散った放射性物質の影響で、福島市や郡山市などの都市部でも、高い放射線量が計測されている。世界でも例のない放射能汚染に、国の対応も後手に回っていて、県民の不安は収まるどころか、広がる一方なのが現状である。

風評被害も深刻で、避難した子どもがいじめにあったり、ガソリンスタンドには、「福島県の客はお断り」という張り紙があったりするという。目に見えない恐怖に怯え、風評被害という悩みも抱えながら、福島県民は日々を過ごしている。福島県では、「復興」という言葉を簡単に使うことができない。

一〇〇〇年に一度ともいわれる未曾有の大震災……地元の放送局として、県民にどんな情報を伝えるべきか。そして、連日メールやファックス、電話で寄せられる県民の不安や不満等の声にどう応えていくか。迷いながら、悩みながら報道制作局のスタッフは、ただただニュースの取材と放送にあたってきた。「L字システム」を使った災害情報については、震災から二ヵ月が過ぎた今も、日々内容を更新して放送している。

そして、放射能という目に見えない敵を前に、取材スタッフの安全管理も大きな課題になっている。NNN系列の原子力取材マニュアルに沿った運用をしていたが、長期戦の様相を呈するなかで、柔軟な運用も求められている。もちろんスタッフの安全管理は重要だが、報道機関として「伝える」という役割との線引きに悩まされている。

同じ福島県内の新聞社では、取材中の記者が尊い命を落とした。わが社でも、通信網が寸断されたことで、特に支社のスタッフの安否確認には相当な時間を要した。また、放射能という敵との戦いの中で、社内は大きく混乱した。「想定外」の一言では済まされず、危機管理体制の見直しを迫られている。

そして、今回の震災は、CMが主要な収入源である民間放送局の経営に深刻な打撃を与えている。太平洋沿いの被災三県は、7月の地デジ完全移行も延期された。雇用の維持も含め、社員、スタッフ全員が不安の中で毎日を過ごしている。

今回の震災で、何を教訓として語り継いでいくべきか……他県とは違い、いまだ被災中の福島県においては検証もままならない。そして、労働組合の代表を務める立場としても、組合員の不安をどう受け止め、会社とどう向きあっていくべきか、簡単に答えは出ない。

報道機関としての使命を果たしながら、経営の立て直しも進め、少しでも前を向いて県民の付託に応えていくしかないと今は考えている。

気になる「差別」問題

青柳　浩
テレビユー福島労働組合委員長

3月11日。この日は、我々にとって忘れられない日となった。死者、行方不明者を合わせて約二万三〇〇〇人以上の犠牲者を出し、その後の福島第一原子力発電所の事故の原因にもなった、東日本大震災が発生した日だ。震災以降、どのようなことが起こり、そして今どのような状況にあるのか、営業系のスポットデスクという立場から書いていこうと思う。

震災直後から三日間、民放各局はCMなしの報道特別番組を放送した。大規模災害の報道番組を編成する場合はCMの放送を休止するのが通例だが、今回ほどの規模になると、いつまでCMの放送を自粛するかが問題となった。

在京キー局は四日後の3月14日からCMの放送を復帰させたが、当社は3月18日までCMの放送を自粛し、独自に災害情報やライフライン情報を放送した。広告収入に大きな影響を与えるものではあるが、震災直後に視聴者が必要としている情報はなにかを考えた上での判断であった。

3月19日以降はCMの放送を復帰させたが、当時は復興応援メッセージの素材もなかったためACジャパンの素材がほとんどで、視聴者から多くのクレームが入ることとなった。同じ映像の繰り返しは、視聴者にとって苦痛であったに違いない。営業的な問題も考えた上での苦渋の決断だったが、放送局の社員である私でさえ違和感を覚えたほどなので、無理もない話である。

4月以降もキャンペーンのキャンセルが相次ぎ、残ったCMもそのほとんどがACジャパンの素材。スポンサーによる自粛の判断によるものもあるが、生産拠点である工場や小売店の被災、流通ルートの断絶などの理由によるものも多く、震災の影響は深刻なものであった。

5月以降は通常素材に戻すスポンサーは増えてはいるものの、キャンペーン自体を見送るスポンサーも数多く残っており、4～5月のテレビCMの広告収入は前年の半分にも達していない。特に一部の県内スポンサーについては、原発事故の風評被害の影響もあり、コマーシャルの再開は困難な状況である。

今の状態が長く続けば、会社の存続すら危うくなってくる。今後は東阪スポンサーの出稿再開や県内スポンサーの復興を待つと同時に、新たな収入構造の構築を考えなければならない。しばらくは苦しい状況が続きそうである。

震災発生から数日間、報道部員はほとんど睡眠時間をとることもできず、ライフラインのほとんどが断絶した被災地を取材するために走り回っていた。そこで目にしたものは、津波により破壊された町並み。例えば相馬野馬追の開催地としても全国的に知られている相馬市などは、番組制作のために何度も足を運んだ町。その町並みが跡形もなくなってしまったのだ。取材から帰ってくる報道部員を見ると、肉体的な疲労よりも、精神的なショックが大きいようにも見えた。

テレビメディアの強みの一つは、映像と、そこに生活している人たちの声をそのまま伝えることができる点だ。しかし、家族や財産を失った被災者にどのように声をかけたらよいのか、逆に悲しみをあおってしまうのではないか、そんな悩みを持っていたのではないかと思う。そして、その後に起こった原発事故。この事故により、復興への道のりがはるかに長いものになった。福島県以外の主な被災地である岩手県・宮城県との大きな違いである。

放射線の影響は報道取材にも及ぶ。社内規定により原発から半径二〇キロ圏内の「警戒区域」、飯舘村などの「計画的避難区域」には原則として立ち入ることはできず、積算放射線量が一定基準に達した報道部員は、以後の取材活動を制限するなどのルールが設けられた。社員の安全と考えると、これらの規定を設けるのは当然だと思う。しかし、これらの規定を守りつつ、被災者が本当に知りたいであろう故郷の情報をどうやって伝えるか。今後の課題として考える必要があるかもしれない。

原発事故に関する報道で個人的に気になるのは、「差別」についての報道である。

例えば、福島ナンバーというだけで車に「福島に帰れ」といたずら書きをされた。県外の避難先で「放射能がうつる」と子どもたちがいじめを受けた。そういったことが多くのメディアで報道されていた。不思議なのは、実際に差別にあった人たちの声や、映像を伴っているものがほとんどないこと。原発問題で苦しんでいる上に差別までされた方はどれほど辛い思いをしたのだろうか。福島県民への配慮や、模倣を防ぐ意図があったのかもしれない。しかし、もっと詳しく伝え、再発を防止するよう努めても良かったのではないかと思う。

今回の災害は、福島県に大きな爪痕を残した。地震・津波による被害のほかに、いつ収束するかも分からない原発事故、そしてそれに起因する風評被害。原発周辺の地域は復興への第一歩がいつになったら踏み出せるのかもわからない状況である。

しかし、その一歩を踏み出そうと努力している人々が大勢いる。それらの方々を取材するたびに我々も力を分けてもらっている。福島県が元の美しい姿を取り戻すのに何年かかるのか想像もつかないが、地元に根差す放送局としての責務を果たしていこうと思う。

「がれき」と呼ばない

ディレクター　**田中雅子**　京都放送

4月11日から13日まで宮城に入り、登米・女川・石巻・南三陸・気仙沼を訪ねました。取材させてもらったすべての人は、遠くからありがとう、ご苦労さま、気をつけて帰ってな、女川には悪い人いないから一人でも安心だよ、など温かい言葉をかけてくださいました。

それらの言葉は、避難所に行くまでに見た光景、状況からはかけ離れすぎていて、そのギャップがなかなか受け入れられません。みなさんたくさんのお話をしてくださいました。

溜まっていた思いを溢れ出すように次々と話してくれた方々。今回の地震のこと以外にも、おじいさんとの馴れ初めから話してくれたおばあちゃん……。ラジオだから気を許してたくさんのことを話してくれたかもしれません。それにテレビだと一〇分ものインタビューはなかなか流せませんしね。

津波に船をやられたおじいちゃんは海の神様に船をあげたと言う。避難所にいる人たちは第二の家族になったから離れたくないという。

津波で家も家族も失ったおばあちゃん。志津川は山も海もあって動物もいて、美味しいアワビやホタテがとれる、最高のふるさとだという。ここ志津川で死にたいと。

戦争、チリ地震津波、今回の津波と乗り越えてきたから私はこれからも大丈夫だというおばあちゃん。しかしその後、息子さんから意外な事実を聞かされます。津波から逃げる途中でのこと。おばあちゃんと一緒に逃げていた息子が自分も助からないと思っておばあちゃんの手を離そうとした瞬間、押し寄せる波が止まった、ギリギリ来なかった。

77歳のおじいちゃんは津波の中、一〇〇メートル泳いで助かったんだ、夜には雪が降ったんだよ、と自慢げに語ってくれました。

津波を見た30代の主婦はもう海は怖い、ここには住めないという。でも横にいた60代の女性は、それはあんたのふるさとじゃないからだろうと言う。私はここを捨てられないと。

泊めてもらった石巻グランドホテルは断水状態で、ガスも通ってないのに、温かい食事を出してくださいました。従業員の方もまた被災者で、家族の行方もわからないまま。でも私たちのために仕事をしてくださっています。「足りないものはないですか?」と伺うと「全国のみなさんからたくさん送っていただいていて何もいりません」と、そうおっしゃった方に名刺を渡すと「名刺入れごとすべて流されてしまい名刺がないんです」と笑っておっしゃいました。西陣織の名刺入れを一〇〇個送って差し上げたいと思いました(なんと協力してくださる方が現れました!)。

石巻の商店街、どのお店もシャッターを下ろしている中、一軒だけ営業しているお店がありました。自分たちも被災したけどもうすぐ入学式。新しい制服を取りに来る新入生のためにお店を開けているという制服屋さん。でも取りにきていないお客さんがたくさんいるそう。

いくつか避難所を訪ねましたが、他のメディアに会ったのは女川だけ。もう避難所報道は時代遅れという話を仙台の放送局の方から聞きました。いまは復興と原発報道だそう。避難所で生活されている方は自分たちが忘れられてしまうのを恐れている。家も、仕事も、服も、生活品も、思い出の詰まったアルバムも、家族まで失ってしまった今、忘れ去られてしまったら自分たちの存在もなかったことになってしまうから。

避難所に行けない人たちもたくさんいらっしゃいました。高台にあるなどして津波の被害から免れた人たちは、遠慮や負い目から避難所に救援物資を取りにいけない。かといって、壊滅状態の街にスーパーもコンビニもなく、食べ物はない。水に浸かった家の中は泥だらけで、電気、ガスは止まったまま。断水状態が続いていてお風呂にも入れない。着替える服もない。でも家があるから不満も文句も言えないし、そもそも言おうという気がないのかと思うほど、みな謙虚で慎み深い。

行政の人も被災しており、事務作業や確認事項が多すぎて、家が残った人たちにまでなかなか手がまわらない。そういう人たちに物資をデリバリーするボランティアが必要だという意見を多く聞きました。

大船渡市のように避難所にいる人たちに日給を払い軽い仕事をしてもらうなどの制度を整えることも今後必要。またボランティアもプロが入り、ボランティア参加者の特性や適性を見て仕事をふるシステムも必要。

「京都のラジオ局からきた〜」とボランティアの人に言ったら、「落語家さん連れてきてください！」と言われました。

今回の震災では自分の得意分野や職業など、どんなことでも誰でも支援、協力ができるのではと思った。私ならラジオを通してリスナーに伝える、落語家さんは慰問公演、歌を歌えるものは歌い、車の運転が得意な人はデリバリーボランティア、お坊さんはお話やお経をあげ、医師は被災者の方の病を治す。現地の道はデコボコ、余震も続く中、私やボランティアの人たちを宮城に運んでくれる高速バスの運転手さんにも感謝を。

もちろんボランティアはちゃんと調べて自己責任で現地に行くこと。話を聞くだけで避難所に一人でいるおばあちゃんやおじいちゃんの心の拠り所になるかもしれない。

「がれき」と呼ばないで欲しい、と被災者の方に言われました。廃棄物のマニュアル作りで現地に行かれていた京大環境科学センターの浅利助教に、何と呼んでいいですか？と聞くと「まちのかけら」「暮らしのかけら」としか呼べないと。

私たち京都の人間ができることは、義援金、ボランティア、そして彼らの存在を忘れないこと。被災地を覆う「がれき」一つひとつが「暮らしのかけら」。そこに思い至る想像力を、遠くで暮らす私たちは持ち合わせないといけないと強く思いました。

5月14日に再び宮城県に行ってきました。今回は落語家（笑福亭晃瓶）さんと一緒です。

気仙沼市にある小泉中学校、南三陸町にある歌津中学校で落語会を開きました。小泉中学校は4月にも訪れた場所です。私がそのときにインタビューさせていただいた方々は既にこの避難所を出て移動されていました。

一ヵ月、たった一ヵ月、それでも一ヵ月。被災者の方々の生活は決して止まっておらず、動き続けていることを実感しました。泣いて、笑って冗談を言って……離れていても私たちと同じ生活、暮らしがそこにはある。改めて実感した想いです。

ひやみかち東北！

真栄城正樹　ラジオ沖縄制作報道部

「ほんと残念だね。私も県民の一人としてお詫びしたい」「被災地から避難されている人たちは、少しでも家族の安全、安心のために来られているのに。心ない言葉は悲しい」「避難して来た人も受け入れる側も決意が必要。支え合う決意を！」「多分、中途半端感があるのでは？　観光でもなく移住でもない。周りもどう対応したらいいのか分からないのでは」「同じようなことは沖縄だけじゃなく、避難先どこでもあるはず。日本人全体が不安なんじゃないですか？」「変えましょう、私から。変えましょう、自分の周りから。沖縄に来て良かったと言ってもらえる日まで」「つらい歴史を抱えるわが沖縄だからこそ、温かく受け入れないといけないと思います」――。

大震災から一ヵ月が過ぎた4月12日。ラジオ沖縄に一本の電話が入った。声の主は、東北で被災した後、避難のため沖縄に居を移したばかりの方だった。

「子ども二人と夫婦で沖縄に避難してきた。子どもが学校で『放射能、放射能』とからかわれる。沖縄の人は、かつて差別を受けていて、だからこそ、人の痛みが分かる人たちだと思っていた。子どもだけではない。避難して来たと話すと『ああ、逃げてきたんだね』と言われる。県民の無神経さを感じる。私たちは、決して逃げてきたわけじゃない」

その悲痛な電話を受けた私の上司は、電話の内容を一枚のメモにした。沖縄の新聞は千葉県船橋市で起きた「放射能でいじめ」の記事は掲載していた。しかし、地元で起きた残念な出来事は報じていない。大げさに聞こえるかもしれないが、その「ラジオに託してくれた思い」が胸に突き刺さった。絶対に伝えないといけないと思った。

朝のワイド番組でリスナーに問いかけた。「こういうことが沖縄で起こっている。あなたはどう考えますか?」そして、冒頭の文章がその問いに応えてくれたリスナーのメールのほんの一部だ。届いたメールの大半が「申し訳ない」「残念」という気持ちに溢れた内容だった。いつもにも増して、一通一通のメールの文章量が多かった。


なぜ、私がそのメモにこだわったか。

ラジオ沖縄では、全国の放送局と同じように震災直後から義援金を募った。さらに3月23日からは「沖縄からラジオを被災地へ」のキャンペーンも行った。結果的に四〇〇台を超えるラジオが集まり、その中から三五五台のラジオを被災地へ送ることができた。しかし、現実問題として被災地から最も遠く、離島県である沖縄に居ながらにしてできる支援は少ない。当然ながらボランティアで現地に赴くことも、他府県に比べてハードルは高い。だからこそ沖縄は「迎え入れる支援」に目を向けなければいけないのではないか、そう考え始めた時期だったからだ。

直接的に「明るく笑顔でお迎えしましょう」なんて謳《うた》い文句はおこがましい。普通に、そして少しだけ優しく新生活のスタートを見守り、手助けができればいいのだ。だから今回の電話の内容を番組で取り上げることで、少しでもリスナーに「迎え入れる」心の準備をしてほしかったと言えばいいだろうか。

さらに、リスナーに背中を押されるように行ったことがある。昼のワイド番組に届いた一通のメールがきっかけだ。

「被災地への支援は息の長いものにしていかなければな

らない。私たちもそのことを忘れないようにする努力が必要」という内容に「応援メッセージを込めたステッカーを作って車や店舗に張るのはどうか?」というアンサーメール。そんなやりとりの数日後には、これまた別のリスナーからデザイン案まで届いた。文言もリスナーのアイデアを採用した。

簡略化した日本地図の東北地方と沖縄を赤で際立たせたイラストの上に「ひやみかち東北!」と力強い筆文字風のフォントでメッセージを入れた。「ひやみかち」とは、ウチナーグチ（沖縄の言葉）の掛け声の一つで「今こそ、立ち上がれ!」という意味を込めた。甲子園の応援風景などで全国的に知られている「ちばりよー（頑張れ）」は採用されなかった。被災した方々が頑張りすぎるほど頑張っているという状況を皆が知っているからだ。このステッカーは県内で販売され、収益はすべて義援金として送られた。

沖縄にいると、日常はすべてがいつもどおりに感じられる。しかし、この南国の太陽の下、3月11日以前とはまったく違う環境で生活している方々がいる。震災直後に県知事は「万人単位で被災者を受け入れる」と表明したが、4月下旬に一〇〇〇人弱と発表されていた県内の被災者の数は、5月中旬にはぐっと減り、三〇〇人程度に収まっている。受け入れたいという思いと現実のギャップは何か、早々の検証が必要だろう。

「沖縄のホスピタリティー」が試されている。今、ローカルラジオにできることは何だろうか。

パネルディスカッション

「ラジオに何ができたのか」

パネリスト 関野俊彦（岩手放送）

鹿原徳夫（茨城放送）

大竹茂行（ラジオ日本）

コーディネーター 川島広明（民放労連近畿地連）

これは、２０１１年４月16～17日に札幌市内で行われた「民放労連全国ラジオ会議」の中のパネルディスカッション「被災地ラジオに何ができたのか？何を伝えたのか？これからは？」をまとめたものです。中見出しは編集部でつけました。

地震発生の瞬間に

川島　まず、3月11日午後2時46分地震発生当時の、各局の放送をお聴きください。

【岩手放送】

（♪緊急地震速報のチャイム音）

女性　気象庁緊急地震速報です。地震が発生しました。身の安全を確保してください。ドライバーの方は、十分注意してください。

男性　今、スタジオが揺れています。皆さん、落ち着いてください。強い揺れを感じています。机やテーブルの下などに潜って、揺れが収まるのを待ってください。揺れが続いている間は、あわてて外へ飛び出さないでください。窓や家具のそばから離れてください。車の運転中の方は、いったん道路の左側に車を寄せて揺れが収まるのを待ちましょう。今、盛岡のスタジオも大きく揺れています。宮城県沖を震源とする地震です。

揺れが続いています。机やテーブルの下などに潜って、揺れが収まるのを待ってください。揺れが続いている間は、あわてて外へ飛び出さないでください。ガラスが割れたり、物が落ちてきたりするおそれがあります。また、岸壁や防波堤にいる人は、あらかじめ避難してください。岩手県内で、強い揺れを感じています。落ち着いて行動してください。

女性　念のため、津波に注意してください。

男性　速報が入りました。お伝えします。震度6強が宮城県の北部と中部、震度6弱が岩手県の沿岸南部、それから岩手県の内陸南部、宮城県の南部。念のため、津波に注意してください。

男性　ＩＢＣ報道スタジオです。強い揺れは収まりました。落ち着いてください。……

【ラジオ福島】

男性　スタジオ、揺れております。皆さん身の安全を確保してください。周りから落ちてくるものがないかどうかを確認してください。非常に大きな地震です。沿岸付近にいらっしゃる方は津波のおそれがありますので、沿岸付近から離れてください。いま、スタジオも、物が落ちてきたりしています。大きな地震が起きております。ラジオ福島のスタジオも揺れが続いております。

福島県内で非常に大きな地震が起きています。地震の揺れが収まるまで身の安全を確保してください。周りから落ちてくる物にご注意ください。それから、沿岸付近にいらっしゃる方は津波が急に襲ってくるおそれがありますので、高台に避難してください。海岸沿いにいらっしゃる皆さんは高台に避難してください。非常に大きな地震が、長い時間続いております。身の安全を確保してください。いま、いくぶん揺れが収まってきました。……

【茨城放送】

女性　現在、水戸地方で大きな揺れを感じています。いま、このスタジオ、かなり大きく揺れています。茨城放送です。現在、水戸地方、地震のため揺れています。時刻は2時48分、まもなく30秒になるところです。どうぞ皆さん、落ち着いて行動してください。茨城放送、水戸局から1197KHz、土浦県西中継所から1458KHzでお送りしています。いま、スタジオの中の本などが落ちてきていますが、皆さんどうぞ、落ち着いてお過ごしください。

揺れが激しくなってきました。ただいま茨城県地方、地震のため大きく揺れています。あわてて外に飛び出すのは危険です。身の安全を確保し、落ち着いて行動なさってください。また、津波のおそれもありますので、海や河口の近くにいる方は念のためご注意ください。現在の時刻2時49分20秒になるところです。まだ水戸地方では揺れています。地震発生から二分ほどが経過しましたが少しずつ揺れは収まっています。

【文化放送】

男性　ただいま地震が発生しております。

男性　スタジオの地震計が震度2を記録しています。浜松町のメディアプラス、揺れております。震度3になりました。揺れが大きくなってきました。

男性　大きくなりましたね。

男性　身の安全をはかってください。揺れが大きくなって震度4になりました。

男性　つかまってないと動けないような状態になってきました。

男性　震度6強が宮城県北部、宮城県中部、震度6弱が岩手県の沿岸南部、それから岩手県の内陸南部、宮城県の南部。文化放送のスタジオの震度計、震度5弱を記録しております。（♪ピロピロ～という信号音）

女性　ここで、津波情報をお伝えします。大津波です。大津波、岩手県、宮城県、福島県、大津波です。

ラジオ送信所を優先して

川島　ありがとうございました。災害時のラジオに何ができたか、何を伝えたのか、そしてこれからは、ということで、集まっていただきました。まず、岩手放送の関野さん。

関野　岩手放送労働組合執行委員長の関野です。所属部署はテレビ営業ですが、過去にラジオ編成、ラジオ制作に所属していたこともあったので、きょう参加することになりました。よろしくお願いします。

鹿原 茨城放送労組委員長の鹿原《かばら》です。地震発生時は社内にいまして、真っ先にスタジオのドアを開けに行きました。その後、ドアを閉めることなく、放送が続きました。皆さんの参考になるお話ができれば、と思います。

大竹 ラジオ日本の大竹です。いま民放労連中央執行委員をやっています。職場は報道ですが、3月11日の地震のときは休みで会社にいなかったのですが、出先で鉄道の足止めを食いまして、避難所にお世話になりました。

川島 よろしくお願いします。先ほどの録音で、最後にピロピロ〜という音がしていましたが、聞いたことがない方もいると思います。あれはEWSといって、津波などが発生した時に、あの信号を受信して自動的にスイッチが入るラジオがかつてあったのですが、その非常用のラジオを起動させるための信号です。いまこの受信機は国内にはほとんどなくて、漁港くらいにしか置いていないようです。

それでは、各局がどんなタイミングで災害放送に切り替えたのか、聞いて行きたいと思います。岩手放送では、CM中に緊急地震速報が出ていましたね。

関野 この時間は『ワイドステーション』という番組を放送中でしたが、一五秒のCMをぶった切る形で緊急地震速報が入りました。2時46分55秒から三〇秒程度です。スタジオでは局アナ二人が揺れている状況を伝えながら、リスナーに向けて「落ち着いてください」と呼びかけ続けました。二分程度の揺れだったのですが、揺れが収まってきた2時49分ごろに、報道スタジオに切り替えました。うちはラジオのスタジオとテレビの報道スタジオの距離が離れているので、情報のやり取りがしにくいということもあり、報道のデスクに非常用のマイクを一本用意しているのですが、そこへ切り替えたのです。午後3時59分ごろまで、そこから放送し続けました。

その後は、また生放送のスタジオに切り替えて、報道から随時割り込みを入れるという形で、通常番組とCMはすべてカットして二四時間生放送を3月16日水曜の午前3時まで放送しました。地震翌日の12日土曜の夕方までは、とにかくそこにいる人で対応して、夕方からは三交代制にして、長期の報道体制に備える形をとりました。15日にはラジオとテレビでサイマル放送の一時間番組を放送しました。

16日午前3時からは、通常番組と

ＣＭを再開しました。ネット番組をここでスタートさせましたが、放送しなかった分についてはカットしたものもあります。ローカル制作枠はすべて震災情報にして、徐々に通常の放送に戻して行きました。

川島　岩手放送では、社屋や送信所で停電はありましたか？

関野　盛岡は震度5強でしたが、けっこう揺れが大きくて、私は社屋の三階にいましたが、立っているのも困難な状況でした。壁が一部崩れそうになったり、築四五年くらい経っている箇所では床に亀裂が入ったりしました。地震とともに、電気はついたり消えたりしましたが、それは自家発電に切り替えたためでした。局の中にいた人間は、岩手県全域が停電になったことは後で知ったのです。放送でも、停電に関する情報はまず宮城県で大規模な停電が起きていることを伝えて、その後に外が停電になっていることがわかり、放送で「停電だからラジオを持って外に出るように」と呼びかけました。

関野俊彦さん

　ラジオの送信所も、停電になったので自家発電で対応しました。3月中はずっと停電という地域もあったので、その期間はガソリンを毎日四〇リットル、自家発電装置に給油し続けました。うちはテレビとラジオと両方ありますが、ラジオの送信所を優先させました。

　釜石市にある東部支社は八階建てのビルの三階にあって、二階まで津波が来ましたが、なんとか無事でした。報道のカメラマンが三階から撮影した映像が撮れましたが、一階と二階はめちゃめちゃな状況で、いま新しい支社の社屋を探しています。

津波で中継車に戻れず

川島　ありがとうございました。次に、鹿原さん、茨城放送の当時の様子などについてお願いします。

鹿原　当時は生放送中で、そのまま特番体制に入りました。社屋については、壁にひびが入ったところはいくらか見られましたが、即時に避難すべき状況でもなかったですし、放送機材もとくに問題なかったので、そのままＣＭなしの特別放送を始めました。たしか17日木曜の午後からだと思いますが、ACのコマーシャルが一部流れ始めました。通常番組で音楽をかけ始めたのは19日土曜日の午前6時台からで、それまではフィラー用に著作権フリーの音源を使っていました。通常番組に戻したのは19日の夜10時半です。その後も、通常番組の中で放送を自粛した番組もあったので、そのかわりに生活情報番組などを流したりしました。

14日月曜からは、各曜日担当のパーソナリティがライフライン情報や生活情報、各地の状況など震災関係を放送しています。ですから、ほぼ一〇日間、特別体制で放送したことになります。

地域の停電はありましたが、社屋は自家発電で最小限の電力は確保しました。送信所については11日夜の段階から自家発電の燃料の確保に走り回ったように記憶しています。12日の昼前には水戸の本社の電力が復旧しました。

川島　水戸は、他の放送局もコミュニティFMも停波や自主放送ができなかったのでしたよね。

鹿原　水戸のコミュニティFMでは停電したために車のバッテリーから電気を引っ張って来たというような話も聞いています。自分たちのことで手いっぱいだったので、他の状況がどうだったかについてあまり把握していませんが、一部のコミュニティFMには茨城放送の放送内容の一部を供給しました。

川島　鹿原さんは被災地にも取材されましたか。

鹿原　本社で第一報を流した後、県庁の記者クラブに報道の記者が詰めて、そこから情報を特別番組の中で随時流しました。それに、道路交通情報センターからの道路情報を流しました。県内には水戸市の北を流れている那珂川と、日立市の南側を流れている久慈川という二つの川が県を横断していますが、それらの川にかかっている橋のうち、どれが通れるのかという情報などです。

その間に、外からの中継を入れましたが、最初は五階建ての茨城放送本社の屋上から見えるもの、屋根が落ちていたり塀が倒れていたりしているのをリポートしました。本社の前に国道50号線という、茨城県を東西に走る幹線道路がありますが、この道路の信号が消えている、といった情報も入れました。

その後、津波の情報があったので大洗海岸に行きました。われわれが到着したのは津波の第一波が来た後で、地元の消防団員の人に聞いてみると海から六〇〇メートルくらいのところまで来たという。その後第二波が来たのですが、その第二波のほうが強くて、道路が川のようになって床下浸水しました。これは油断だったのですが、中継車を道の反対側に置いてきてしまって、第二波が来たときに中継車に戻れなくなりました。第二波は海辺から八〇〇メートルくらいのところまで来たのです。茨城県では初めての津波災害で、かなり動揺が大きかったように記憶しています。

鹿原徳夫さん

中継車のところまでは波は来なかったのでよかったのですが、水をよけて相当大回りして中継車に戻りました。大洗は海水浴などでにぎわうところで、海辺にはアウトレットモールや魚市場などもあるのですが、津波で何もない状態になりました。

川島　携帯電話の通信状態はどうだったでしょうか。

鹿原　ドコモの携帯電話が一〇回に一回くらいつながりました。私が持っていたソフトバンクの携帯は通話できませんでした。携帯電話がつながるまでかける、ということしかできず、つながったらしばらくつなぎっぱなしにしていました。他の利用者には迷惑をかけていたと思いますが。一般の電話は普通につながっていました。インターネットについても、ニュース原稿を受けるネット回線や気象端末などは影響を受けませんでした。

「無事だと伝えてほしい」

川島　ありがとうございました。関野さんも現場に入られたそうですが、どこへ入ったのですか？

関野　私はその日の15時30分ごろに盛岡を出て、沿岸の宮古市に向かいました。報道の運転手として行ったのですが、自分でも取材しました。11日に限って言えば、いちばん使えた連絡手段はＮＴＴドコモのムーバでした。ＮＴＴの、ラジオ放送が聴ける携帯電話「ラジ電」というのがかつてあって、それが一発でつながりました。ただ、翌日の12日（土曜）にはまったくダメになりました。また夕方6時に宮古市の消防本部で固定電話を借りたのですが、まったくつながりませんでした。本社に連絡を取ることができなかったところ、ａｕの携帯どうしならつながる、という話があって、社内でauの携帯を持っている人にかけてみたら、つながりました。

インターネットもつながらず、ラジオでは「メールのほうがつながりやすい」などと言っていたのですが、実際にはメールもダメでした。被災地にとってみれば、ツイッターも何の意味もない、といってもいいくらいです。

翌日（12日）、内陸部から停電が復旧し始めて、そうするとツイッターに情報が上がってくるようになりました。被災している人はツイッターを見ることはできないが、ラジオなら聴くことができるので、ツイッターの情報をラジオで読み上げるということをしました。

電話がつながったら、切らずにオンエアに載せるということでやってきましたが、地震の翌日くらいから安否確認の情報が入って来ました。例えば、老人保健施設から「入居者は全員無事だと伝えてほしい」ということを言われましたが、沿岸部の人は自分が無事であることを知らせることができないのです。陸前高田市にはテレビのSNG（衛星中継）車が入っていましたが、避難所の人が「IBC」という会社のロゴを見て、「自分が無事だということを伝えてもらえませんか」という人が次から次へとやってきたのです。

盛岡から食料やガソリンなど物資の補給に来る車で、自分が安全だということを書いた紙の束を盛岡のラジオスタジオに運んで、放送しました。この情報はインターネット上にも載せました。本当は個人情報保護法の問題などもあるのでしょうが、人の命がかかっていることなので、気にしないでやっていました。これが日を追うごとに増えて、一時は県庁が把握している安全情報より、うちの局が持っている情報が多いという時期もありました。その名簿を、うちの社の玄関で閲覧できるようにしたり、ネット上で見られるようにしたり、パソコンの用意もしたりしました。

15日にはラジオとテレビのサイマル放送番組を放送しましたが、安否情報については、ラジオの放送をしているスタジオにテレビカメラを持ち込んで、放送しました。生活情報なども伝えましたが、問合せ先の電話番号などは、アナウンサーが読み上げた数字を手書きで紙に書いてカメラに向けて見せるようなやり方でした。この放送はユーストリーム配信もしました。

川島　大竹さんはどこで被災されたのですか?

大竹　私は遅い夏休みで（笑）北関東を旅行中だったのですが、栃木県の小山から二つ東京寄りの野木という駅で、電車が止まった瞬間に激しい揺れを感じて、これは関東で大きい地震があったなと思いました。すぐ携帯ラジオをつけて、会社に携帯電話で連絡しました。そのときは連絡がついたのですが、その後携帯電話はつながらなくなりました。

　揺れが収まったら、電車から出るようにJRのアナウンスがあり、ホームに降りたら大きな余震があったので、今度は駅から離れるように言われました。夕方くらいまで電車が動くのを待っていたのですが、JRが「きょうの運転はとりやめます」という。この野木というところはバスもタクシーもほとんど来ないところで、街にホテルもなく、仕方なくタクシーを待っていたら、町役場の人が来て、帰宅困難者を避難所で受け入れるというので、そちらに行きました。

大竹茂行さん

　私は携帯ラジオで情報を取っていましたが、周囲でラジオを持っている人は、ほぼ皆無といった状況でした。皆さんは携帯メールで家族と連絡を取っていたようです。メールは多少の遅延はありましたが、まったく通じないということはなかったようです。

ラジオは聴かれていたか?

川島　先ほどムーバが通じたという話がありましたが、NTTドコモに聞いたところ、ムーバは今ほとんど使われていないので、通信回線が比較的空いていたのでは、ということでした。
　岩手放送では避難所でラジオを配られたそうですが、被災者の方はラジオを聴いていましたか?
関野　津波を受けて避難した方々はほとんど着のみ着のままで、預金通帳など大事なものも持ち出せず、ましてラジオなど持っていない状態でした。津波を身近に受けたのに、それがどんな状態だったのかわからないという人たちばかりで、テレビもなく、停電でろうそくの火をともしている状態でした。
　ラジオを配りだしたのは四〜五日経った頃でした。山田町はラジオの難聴取区域で、リスナーがほとんどいない状態でしたが、今回の震災で、会社のOBなどの協力により「IBCやまだ災害FM」という臨時災害放送局を設立して、FM波でうちのAMラジオ放送を聴いてもらえるようにしました。

大きな避難所にはテレビが置かれているところもあり、ラジオを配っても「いらない」と言われました。ではその地域の人はみんなラジオがいらないのかというと、隣にある三〇人くらいの避難所では「欲しい」と言われたり、「いつ返却するの」と聞かれて「これは差し上げるものです」と説明すると「だったら欲しい」と言う方（笑）もいたりして、一軒一軒確認して回らないと、ニーズはばらばらでした。

ある避難所では、NHKがテレビを持って来ていて、「みんなテレビを見ているから（ラジオは）いらない」と言われたり、またあるところではラジオが配布されても、電波が届かないために使われていないところがあったりしました。二世帯が避難しているという小さな避難所でも、NHKがテレビを置いてBSアンテナまで設置していったところもありました。ただ、電気が復旧していないところではやはりラジオ、という感じでした。大槌町の赤浜という地域は停電の回復が遅れていたのですが、五〇〇～六〇〇人が避難所で生活していて、ラジオがすごく重宝したそうです。

鹿原　茨城でラジオが聴かれているかどうかは、自分たちでしっかりと調査していないので何とも言えませんが、茨城は車社会なので、カーラジオを聴く習慣があるのかなと思います。停電になってもカーラジオは関係ありませんし、ボリュームを上げれば何人かでいっしょに聴くこともできます。県北部や、鹿行地域と言われる鹿嶋市から南の海沿いの地域では夜になると聴きとりにくいのですが、そんな中でも聴いていただいたということが、後々の反応から推察できました。

地域によって被害も異なります。つくば市のほうでは停電もなかったし、屋根瓦が落ちたりしたものの、水もちゃんと出たということでした。こういう地域ではテレビを見ることができたと思います。

川島　文化放送、ニッポン放送、TBSラジオも被災地にラジオを送ろうとリスナーに呼びかけて、ラジオを集めて現地に送るキャンペーンを行っています。停電したからラジオ、ということなのでしょうが、それは電気が復旧すればテレビや携帯、ということになるわけです。

私は地震の時は大阪にいて、震度2～3でしたが、14時52分に大阪に揺れが来て、そこから当日の22時30分までは緊急特番体制でした。

2007年の新潟県中越沖地震では、被災された皆さんは携帯やテレビから情報を取っていて、ラジオはほとんど聴かれなかった、と言われています。今回は広域で停電となり、津波の被害などで通信手段が多くの地域で途絶されました。宮城県では停電が二日以上続いて、NTTの非常用発電装置も燃料切れを起こして、加入電話やテレビ・ラジオの回線、INS回線も含めてすべての回線が遮断されたそうです。停電で通信が途絶えると放送局ですら放送機能の停滞を招くのですが、そういう放送局が、これからリスナーの皆さんにどういう放送を届けていくのか、ということについて、ご意見を伺います。

鹿原 茨城県はテレビの広域U局がないので、県域のローカル情報を伝える民間放送局は私たち茨城放送だけです。NHKはデジタルの県域放送を行っていますが、放送の内容は東京からのもので、今回地元の情報は画面の一部に文字情報を出していました。放送の画面の上部に東京の文字情報、さらにその上に茨城の文字情報という、ちょっとうるさい画面になっていたのです。

震災時にラジオが聴かれていたかどうかということでは、被災者がどういう情報をほしがっていたかということがポイントだと思います。例えば給水所がここに配置されましたとか、あしたどの学校が臨時休校になるといったきめ細かい情報を流しましたが、これは自分たちが住んでいる地域とは関係ないことでも、県内の情報を流しているという安心感で聴いてもらっていたようです。

JRや水道が復旧していく中で、どういう情報を流していくべきなのか。災害時にライフライン情報が流れていること自体に安心感を持つ、ということを考えると、私たちはあの地震でこういう被害が出たということを忘れない、ということをやっていけばいいのではないかと思います。具体的にどういう情報が、ということは言えませんが、細かいことでもいいからあの日のことを忘れない、といった情報を流していくしかないのかな、と思っています。

大阪・毎日放送の取り組み

川島 一六年前に阪神・淡路大震災がありましたが、それ以来、毎日放送ラジオでは『ネットワーク1・17』という災害情報番組を継続して放送しています。今回の地震では『ネットワーク3・11』ということで、大阪の毎日放送と宮城の東北放送をつないで番組を放送しています。きょうは毎日放送労組から榛葉《しば》健さんに来ていただいたので、お話いただけますか。

榛葉　私はいまラジオの職場にはおりませんが、震災をかつて経験した者として、お話させていただきます。阪神・淡路大震災の時はテレビ報道の最前線でニュースの取材をしていました。いまテレビのスタッフは四〇人ほどが南三陸町などに取材に入っていますし、ラジオのスタッフも、少ないなかで何人か三陸地方へ取材に行っています。

一六年続いている防災報道番組『ネットワーク1・17』についてお話しします。95年1月17日に阪神・淡路大震災が起きて、私たちは一二日間、二五〇時間ノンストップの震災報道番組を放送しました。その後レギュラー番組が徐々に復活していきましたが、そのレギュラー番組の中でも被災地の皆さんに生活情報を届けることを95年の3月末まで続けました。

当時、MBSラジオでは「三つの約束ごと」を決めました。「被災地に向けた放送に徹すること」「行政に対しては批判よりも提言を重視すること」「可能な限り震災報道を続けること」の三つです。MBSでは阪神間に住んでいる社員が多く、テレビ・ラジオのスタッフがおおぜい被災して、避難所から出勤する人も何人もいました。そういう当事者のリアリティをもって放送することが責務だと実感していました。

これが初動の第一段階だとすると、第二段階として、定時のレギュラー番組で震災報道・防災報道をやろうということで、『ネットワーク1・17』という番組が立ち上がりました。番組が始まったのは地震から三ヵ月後の95年4月です。被災地の今を記録しながら、問題点や課題を探って復興の現実を見つめていく、被災者に向けた被災者のための番組を作ろうということで、毎週一回、当初は四〇分、いまは三〇分のレギュラー番組で立ち上げました。レギュラー番組にしたのは、毎週決まった時間に被災者にとって有益な情報が確実に聴ける番組があるということをはっきりさせて安心感をもってもらいたい、必要な情報をしっかりつかんでいただきたいという狙いでした。取り上げる内容は住居、仕事、福祉、まちづくり、ボランティア、行政、法律など多岐にわたっていました。災害発生から復興の階段を上っていくに従って、個別のいろいろな問題が発生するので、そういうニーズに応えるためにはありとあらゆるジャンルに対応していかなければならない。私たちも専門家ではないので、学びながら伝えていくというスタイルでした。

第三段階として、未来の命を守るための防災の視点に徐々に移っていきます。震災発生から三年後くらいからです。今後起こり得る地震・大災害に備えて、防災の基礎知識を持っていただこうという視点の番組です。その中では「週刊地震概況」というコーナーがあり、京都大学防災研究所がこの一週間にどこで地震が起きたかということをパソコンで一覧できるシステムを作成したのとほぼ同時に、一週間の地震を細かく伝えることをやりました。地震がどこで起きるのかという傾向と対策を伝えたものです。

榛葉健さん

　防災という視点に立ったら、阪神・淡路大震災のことだけを伝えていればいいというわけにはいきません。新潟県中越沖地震の取材にも行きましたし、2004年のスマトラ島沖地震のときは、現地に住んでいる日本人の方と電話で結んで放送しました。できるだけ当事者の目線で放送することを心がけています。

　番組の中で、防災リポーターとして「1・17リポーター」というのを置いています。近畿圏を中心に、海沿いに住んでいる方、地震がよく発生する地域に住んでいる方などとネットワークを組んで、いざ地震が起きた時にはその人にリポーターになってもらって第一報を流してもらうという仕組みです。いま番組で契約している方が九人いますが、そのうちの二人は石巻と気仙沼にいらっしゃいました。この二人はご自身とご家族は無事でしたが、親戚を亡くされています。この二人には、今回の地震発生直後に電話がつながりました。彼らに現場の声としてリポートしてもらって、関西地区でも第一報を流すことができました。

　電話がつながらないという話がありましたが、うちの社では、皆が持っている携帯電話の会社をわざとバラバラにしました。どこかの会社の通信がつぶれても、別の会社の電話で生き残れる、ということを想定したものです。それから災害優先電話を積極的に取り入れました。今回も非常によくつながり、有効に働きました。衛星電話も大丈夫でした。やはり通信手段の確保は放送局の生命線だと思います。

『ネットワーク3・11』という番組

は、3月15日から毎日夜9時からの三〇分間、緊急レギュラー番組の形で立ち上げて、被災地向けの情報、被災者の皆さんからの情報や関西とのつながりに関する情報を出しています。この番組は東北放送が異時間放送を行っていて、途中から同時ネットになりました。これは思わぬ効果があって、この番組をMBSが責任を持って放送している三〇分間だけは、東北放送ラジオの皆さんが休憩できる。「この三〇分で自分たちの生活を取り戻すチャンスができる」と感謝されました。これを聞いて、被災地以外の放送局でもお役に立てることがあるんだと気がつきました。

うちのラジオのニュースキャスターは仙台出身ですが、現地で被災した彼の同級生がラジオのリポートに出てくれて、「電気もない今、自分たちにとってラジオは命綱だ。頼りにしているから、被災者のための放送をしてほしい」と言われました。

阪神のときの経験を踏まえて、皆さんにお願いしたいのですが、新聞・テレビ・ラジオで「震災後」ということばがよく聞かれます。私たちは阪神の時、この言葉を使うのはやめよう、と決めました。今も「震災中」だからです。震災はあの3月11日からずっと続いています。「地震後」や「震災発生後」はあります。でも「震災後」ということは絶対に言ってはいけない、というのが私たちの気持ちです。些細なことかもしれませんが、対岸の火事とは思いたくないという気持ちなのです。

川島　ありがとうございました。きょうの話が、これから継続してどういう放送を続けていくのか、ということを考えるきっかけになれば、と思います。短い時間でしたが、どうもありがとうございました。

東日本大震災とラジオ

――「強さ」を生かして「弱さ」を乗り越えろ――

石井 彰

「戻ることができない」大災害

東日本大震災は、私たちにとって初めての体験となる特徴的な構造と現象を、いくつも持っている。過去の災害とは、その規模や被害の大きさが違うだけでなく、被害が拡大して「進行する複合災害」だ。つまり「災害の位相」がまったく違う、といっていい。そのため過去の災害とその体験を、そのままなぞるように対応する＝報道することはできないことを、まず強調しておきたい。

ただ本稿は災害論ではないので、いくつかの大事なポイントだけ確認するにとどめる。

東日本大震災はマグニチュード9・0（ただ当初発表されたマグニチュードから大きく変更されたことについては疑問の声もある）の、千年に一度級の巨大地震だった。

この巨大地震により、北海道から千葉まで広範な太平洋湾岸地域に甚大な津波被害と、長期にわたる停電や液状化現象を引き起こした。筆者は、地震発生後から一ヵ月後の4月上旬、岩手県湾岸部の一部被災地を取材したが被災地域があまりにも広いことに驚かされた。6月20日現在の死者一万五四六七人、行方不明者七四八二人。遺体が見つかっても身元がわからないことも多いという。

また地震と津波、そして原子力発電所自体が持つ構造的欠陥などによって、福島第一原発で爆発を伴う大事故が起き、今も放射能が出続けているため、多くの人々が避難生活を余儀なくされている。放射能汚染は、空気、水、海水、地下水、土壌、農作物、魚などへと、静かにだが確実に広がっている。またこれらの影響により、地震発生から三ヵ月以上が経過しても、全国四七都道府県に避難所や公営住宅だけでなく、親族・知人宅なども含めて一二万四五九四人もの人々が避難している（内閣府調べ6月2日）。

さらに通常の災害では、発生から日数がたつにしたがって復旧が進み、被害は少しずつ縮小していくケースが多いが、むしろ東日本大震災では、被害がさまざまな分野で拡大して進行していることが顕著だ。

田畑は津波による塩害で数年間耕作不能となり、漁船や港湾施設の喪失により日本の漁業を中心で担ってきた東北の漁業は、壊滅的な打撃を受けた。また東北地方に展開していた中小部品工場の被害により、サプライチェーン（部品供給網）が寸断され、生産活動にも大きな影響が出続けている。地震と原発事故により、外国からの観光客も大幅に減少している。そして原発の停止などによる電力不足によって、広範な地域で「無計画停電」や節電が求められている（もちろん現在の水力・火力発電だけでも電力は充分足りている、という指摘もある）。

これらの多面的な要素とその複雑な絡み合いによって、私たちは3・11以前の暮らしに「もはや戻ることができない」ことを、はっきりと認識すべきだ。私たちは自然（地震と津波）と科学（原子力発電）のどちらも、人間の力によってはまったく制御できない存在であることを、東日本大震災によって改めて突きつけられた、といっていい。

さらに多くの地震学者が指摘しているように、日本列島自体が活動期に入り、各地で地震や火山活動が活発になっている。今回たまたま被害のなかった地域でも、大きな地震や津波に襲われる確率が高くなっている。

まさに他人事ではなく、私たちはこの現実を自らのこととして直視し、早急に対応していかなければならない。

震災で見えたラジオの「強さ」

東日本大震災は、ラジオの「強さ」と「弱さ」を、これまでの大災害以上に、はっきりと明らかにした。「強さ」は、災害時にラジオが唯一の情報手段であることが改めてわかったことだ。長期間の広域停電、携帯電話中継基地の損壊、交通網の寸断と燃料不足による新聞配達の遅れなどによって、最も情報が必要となる被災者にとって、ラジオだけが頼りだった。

２００７年の能登半島地震や中越沖地震などでは、車載テレビや普及し始めたワンセグ放送によって地震情報などを得ていた被災者も多かった。しかし今回は、津波によって多くの人々が家だけでなく車も流されていた（東北地方で流失した車は二四万台と推計）。また停電と中継基地網の寸断により、ワンセグ放送なども役には立たなかったのだ。

こうした状況のなか、被災地のラジオ局は地震発生後、一部中継局が長時間停電による蓄電池切れや中継回線の障害などによって停波する事態に見舞われたものの、必死に災害情報や安否情報を伝え続けた。「ラジオで大津波警報を聞いて高台に逃げ助かった」という人もいる。また現在、津波により防災無線そのものが損壊している地域も多く、大きな余震による津波警報を聴くために、津波に襲われる可能性の高い地域で、小型ラジオを持参して片付けなどをしている被災者も数多くいる。

地震発生から五日間、生放送で震災報道番組を続けたＩＢＣ岩手放送の特別番組『震災報道１０８時間～ラジオが伝えた東日本大震災』（5月30日放送）を聴くと、緊迫した状況の中で、ラジオが必死に被災者に向けて放送を続けたことがひしひし伝わってくる。まず「避難を呼びかけ」、そして「被害状況」や「ライフライン情報」などを伝えるとともに、中継車に次々とやってくる「津波で家族が行方不明です。放送で捜してくれませんか」という、被災者からの願いにも、なんとか応えようとしたアナウンサーの心情までが感じられて、胸が熱くなった。

ＩＢＣ岩手では「被災者が知りたいのは地震のメカニズムや全体の被害状況以上に、身近な人たちの安否情報」だと考え、被災地からのツイッターやメールの情報なども活用して、一週間で二万人余の「元気です情報」（安否情報）を放送した。これら他の新しいメディアとの連携による災害報道も、今回の特徴的な出来事といえる。

岩手と並び被害の大きかった宮城県の東北放送と福島県のラジオ福島では、県内の被災者にむけたライフライン情報や避難所、医療関連、安否情報、道路情報などを全力で伝え続けながら、初めてユーストリームを使い、放送エリア外でもインターネットでラジオ放送を聴けるようにしたことが特筆される。

また被災地の現状を日本全国へ届け、各地に避難している人たちに故郷の情報を伝えようと、「ｒａｄｉ

郵 便 は が き

料金受取人払郵便

本郷支店承認

4148

差出有効期間
2013年2月28日
まで

(切手を貼らずに
お出しください)

1 1 3-8 7 9 0

4 7 3

(受取人)

東京都文京区本郷 2-11-9

大月書店 行

注文書

(裏面に住所・氏名・電話番号を記入の上、このハガキを小社刊行物の注文に利用ください。指定の書店にすぐにお送りします。指定がない場合はブックサービスで直送いたします。その場合は書籍代1500円未満は500円、1500円以上は200円の送料を書籍代とともに宅配時にお支払いください。)

書　名	ご注文冊数
	冊
	冊
	冊
	冊
	冊

指定書店名 (地名・支店名などもご記入下さい)	

ご購読ありがとうございました。今後の出版企画の参考にさせていただきますので、下記アンケートへのご協力をお願いします。

▼※下の欄の太線で囲まれた部分は必ずご記入くださるようお願いします。

●購入された本のタイトル		
フリガナ お名前	年齢	男・女
電話番号（　　　）　　－	ご職業	
ご住所 〒		

●どちらで購入されましたか。

市町
村区　　　　書 店

●ご購入になられたきっかけ、この本をお読みになった感想、また大月書店の出版物に対するご意見・ご要望などをお聞かせください。

●どのようなジャンルやテーマに興味をお持ちですか。

●よくお読みになる雑誌・新聞などをお教えください。

●今後、ご希望の方には、小社の図書目録および随時に新刊案内をお送りします。ご希望の方は、下の□に✓をご記入ください。

□ 大月書店からの出版案内を受け取ることを希望します。

●メールマガジン配信希望の方は、大月書店ホームページより登録ください。
（登録・配信は無料です）

ご記入いただいた事項を他の目的で使用することはございません。
なお、このハガキは当社が責任を持って廃棄いたします。ご協力ありがとうございました。

ko．jp復興支援プロジェクト」が、被災地のラジオ七局（IBC岩手放送、東北放送、ラジオ福島、茨城放送、エフエム岩手、エフエム仙台、エフエム福島）の放送を、パソコンなどによって全国で聴けるようにしたことも画期的なことだ。話はそれるが、radikoの聴取エリア制限はこのさい撤廃して、いつでもどこからでも、全国各地の放送局の番組が聴けるようにしてほしい。

そして、地域メディア（県域放送）としてのラジオに、県域を越えた新たな可能性を感じさせる取り組みもいくつか始まっている。

富山県の北日本放送は、午後のワイド番組中に「富山の私たちにできること」という、一〇分のレギュラーコーナーを作った。宮城県の避難所にいる被災者と電話をつないで現状を伝えたり、富山に避難してきた人たちを支援するボランティアなどが出演している。

広島の中国放送では、月曜夜のニュース情報番組『RADIO　ONE』に被災地の取材を続ける吉岡忍、森達也らが電話出演してレポートしたり、東北放送のスタジオから番組を放送するなど、意欲的な取り組みを展開している。また被災地にアナウンサーやディレクターを派遣して各番組でミニレポートも行っている。

被災地から遠く離れた沖縄でも、ラジオ沖縄の呼びかけにより、被災地にラジオを送る活動が行われたり、沖縄に避難してきている被災者の交流会なども開催されている。

ラジオは小回りが利くメディアだ。ディレクターやアナウンサー個人の創意工夫によって、地元と被災地をつなぐコーナーや番組がすぐに可能になる。被災地の現状を伝え続ける各局のさらなる試みに期待したい。

露呈したラジオの「弱さ」

その一方で、東日本大震災はラジオの持つ構造的な「弱さ」も、容赦なく露呈させた。

それは、もっとも情報を必要とする被災者がラジオを持っていなかったことだ。大地震に続く大津波によって、被災者の多くが家や家財道具の一切を流されていたからだ。また車を流された人も多く、かつての災害で大いに役立ったカーラジオもなかった。震災から一ヵ月以上が経過した時点でも、岩手県陸前高田市の戸羽太市長は「ラジオも被災者に十分に行き渡っているわけではない」（『毎日新聞』4月18日）と語っている。

被災者にラジオを送る動きは、電気メーカーから始まり、ソニーが三万台、パナソニックが一万台のラジオを被災地へ提供する。またエフエム東京がJFN三八局と共同で一五〇〇台、朝日放送が一三〇〇台、社内に備蓄していたラジオなどを被災地へ送った。

そしてTBSラジオ、文化放送、ニッポン放送などが「被災地にあなたのラジオを」キャンペーンを行い、聴取者に不要なラジオの提供を呼びかけた。呼びかけに応えた多くの聴取者からラジオが提供され、RKB毎日放送ラジオ、千葉のベイエフエム、北陸放送などが集めたラジオも合わせ約一万三〇〇〇台のラジオが、被災地の系列局や避難所、そして各自治体などに届けられている。

また信越放送とFM長野が長野駅前でラジオを集めたり、大分放送、FM宮崎、ラジオ沖縄など被災地から遠く離れたラジオ局でも、ラジオを集めて送る活動が行われた。各地でこうした取り組みが展開され、多くのラジオが集まって送られた背景には、聴取者とラジオ局の間に、これまでに形作られていた「強い結びつき」があったからだと思う。

だが、ラジオを聴取者から集めて被災地へ送ったのでは、あまりにも時間がかかりすぎるという欠陥がある。そして被災地で被災者に配るのにもまた手間暇がかかる。災害発生直後に被災地にラジオを届け、すぐ配布できるシステム作りが早急に求められている。

まず各局で、いますぐ五〇〇〜一〇〇〇台の小型ラジオを備蓄してほしい。こうしておけば、災害発生時にすぐ隣接地域から、複数ルートでラジオを届けることができる。また日ごろから、携帯ラジオを配布しておく、地道な普及キャンペーンも欠かせない。

次に露呈した「弱さ」は、被災したラジオ局の制作現場の人員が、あまりにも少なかったことだ。特にラ・テ兼営局では、年々ラジオ制作の人員が減らされ続けてきた。どこの局でも数人の制作部員で、なんとか通常番組の運行を維持するのに精一杯の状況下に、大震災が襲ってきた。これでは多面的な取材が必要となり、膨大な情報が殺到する災害報道を満足にできるわけもない。

系列のネットワークから、続々と応援部隊が派遣されたテレビとは違い、孤立無援のラジオでは一部キイ局などからの応援や、局OB・OGのアナウンサーなどの力を借りて放送を続けた。それでも広範囲に渡る被災地や多くの避難所への取材は、当該局にはたいへん酷な言い方となるのを許してもらえば、とても充分とはいえなった。

ラジオ現場の人員削減を強行してきた経営陣の責任はあまりにも重い。またそれを許してきた労働組合にも、これ以上制作現場の人を減らさない、いやむしろ増やしていく闘いが求められている。とはいえ、ただちに各局でラジオ現場の人員を増やすのはたやすいことではないだろう。

まず放送局OB・OGとの日常的な協力体制作りや、放送エリア内のコミュニティFM局とのネットワーク作りに、早急に取り組んでほしい。

抜本的な対策としては、遠隔地のラジオ局と、災害時に相互支援を行う協定を結ぶことを提案したい。これは地方自治体同士（たとえば東京都杉並区と福島県南相馬市）が、災害時に救援物資の提供や人員の派遣を行うもので、今回の震災でも大きな成果をあげている。大災害時には、自分たちの力だけで放送を続けることには困難が伴う。自分たちも被災することがあるからだ。ラジオに携わっているという連帯感によって、多くの局がつながることを願っている。

そしてもう一つ露呈した「弱さ」は、燃料備蓄の不足だ。長期にわたる広域停電により、非常用電源装置の燃料が欠乏し、そこに被災地域での燃料不足が追い撃ちをかけた。本社送信設備だけでなく、広範囲に渡る中継施設への燃料補給が、全社員の不眠不休の努力によって綱渡りで続けられることになる。

「想定外」だったのは、なにも政府や東京電力だけではない。放送局自身が、大地震や津波への備えがほとんどできていなかったことを痛切に反省して、ただちに対策（燃料タンクの設置、燃料配給会社と災害時優先供給協定の締結、中継局への燃料補給ルート作りと人員確保など）を講じなければならない。

ラジオだからできること

東日本大震災は、いまも深刻な被害の拡大を続けている。行方不明者の捜索は続いており、劣悪な環境の避難所にいる被災者も少なくない。また復旧の見通しが立たない被災地も数多くある。被災者自身に手渡された義捐金もあまりにも少ない。

こうした中で、今回の震災について、その教訓と対応策を論じるのは早急過ぎるかもしれない。だが、これまでにわかったことだけでもいいから、その不十分さを自覚しながら多くのラジオ関係者と共有することは決して無駄ではないだろう。私たちは1995年の阪神大震災によっていくつもの大切な教訓を得ていたはずだが、それが今回、充分生かされているとはいえないからだ。

阪神大震災を体験した毎日放送ラジオは、次の三方針を設けて災害報道を続けてきた。

1. 被災地に向けた放送に徹する
2. 行政に対しては批判より提言を重視する
3. 可能な限り震災報道を続ける。

過酷な取材と地道な災害報道の中から生まれたこの方針は、私たちに多くのことを教えてくれている。なによりも被災者に役立ち、寄り添う放送が求められている。

その意味で、被災地に次々と開設された臨時災害放送局（6月9日現在、一九局放送中。他に五局廃止、二局運用休止）の活動に注目して応援したい。臨時災害放送局はFM波で放送され、免許期間は二ヵ月。しかしCM放送を流すことができないため、継続して放送するにはスタッフ人件費などに大きな困難が伴う。また臨時災害放送局からコミュニティ放送局へと移行して放送を継続するためには、放送地域の自治体からのバックアップはもちろんのこと、多くの地域のスポンサーと、放送を担うスタッフの存在が欠かせない。

臨時災害放送局は中越地震、中越沖地震、有珠山や新燃岳噴火時に開設されてきた。だが新規に開設されたり、既存コミュニティFM局で臨時災害放送局に認可されたのは一～二局であり、今回のように臨時災害放送局が二〇局以上も開設されたのは初めての事態となる。つまりそれだけ被災地域が広く、また行政の広報機能自体が災害によって失われた自治体もあり、簡便かつ広く情報を伝えることのできるラジオが求められることになる。

この新たな事態を受けて、日本財団や赤い羽根共同募金などが、臨時災害放送局の開局資金や運営補助金を提供する活動を始めたことを高く評価したい。

筆者は中越地震のさいに、被災者のための放送を必死に担った新潟のコミュニティFM（FMながおか、FM雪国）を、経済的に支援する活動に携わったことがある。あのとき『放送レポート』の連載コラムで提案したことを、もう一度提案したい。

私たちの受信料収入で運営されている公共放送のNHK。その受信料の1%＝約六〇億円を基金にして、それを活用し、臨時災害放送局の運営を援助するシステムを作れないだろうか。被災者の暮らしに欠かせないライフラインの情報や、仮設住宅、義損金手続きなどを伝える臨時災害放送局こそ、被災地域にとってまさに公共放送そのものだからである。

さて、ラジオには映像がない。だから言葉だけで災害の姿と、被災者の「声にならない声」までを伝えていかねばならない。そのことは一見すると、とても不利なことのように思える。だがそれは違う。映像がないからこそ、伝わる「真実」もあるからだ。

私たちはテレビ画面を通して、津波の恐るべき破壊力や、その結果もたらされた「瓦礫の街」を、それこそ浴びるほど見てきた。だからといって、今回の震災について、その被害状況や被災者の悲しみや絶望が、しっかりと伝わっているわけでは決してない。被災地の現場を訪ねた人々が異口同音に語るように「テレビで見ていたのとは、知っていたのとは、現場はまったく違う」からだ。

テレビが映しとった現場が、贋物だというわけではない。だがテレビ画面の枠で切り取られた映像には、被災地のあまりの広さが感じられないばかりか、「瓦礫」と化した街の匂いや音も、そして決して映されることのない死者の姿もない。

だからラジオのパーソナリティーやアナウンサーたちに、被災地を訪ねてほしいと思っている。そこで見たこと聴いたこと、そして感じたことを、スタジオに持ち帰って言葉で語ってほしい。言葉で伝える職業の人たちが何を伝えられるか、言葉だけでは伝えられないことがあることも含めて、リスナーに語りかけてほしい。

いまラジオに求められているのは、なによりも被災者の声を伝え続けることだ。その積み重ねによって、被災地と、次の被災地になるかもしれない＝私たちがより深くつながっていくからだ。

そしてもう一つ、ラジオにとって大きな未来を感じさせることがある。それはラジオというメディアが、きわめて省エネルギーなことだ。これからの日本は、大きな方向としては原発の停止・廃止へ向かうことは間違いない。いや、そうしていかなければならない。電力をジャブジャブ浪費する社会から、必要最小限の電気を使っていく社会こそ、発信も受信も、それほど電気エネルギーを使わないラジオの出番である。

むしろその意味では、ラジオこそ「脱・原発社会」キャンペーンの先頭に立つ存在であってほしいと、ひそかに願っている。

「原発事故とメディア」

講演

「チェルノブイリからフクシマへ」

広河隆一

（フォトジャーナリスト・『DAYS JAPAN』編集長）

パネルディスカッション

パネリスト **後藤政志**（元東芝・原子炉格納容器設計技術者）

寺尾克彦（福島放送労働組合）

渡辺実（防災・危機管理ジャーナリスト）

コーディネーター **砂川浩慶**（立教大学准教授）

これは、２０１１年４月30日にメディア総合研究所と市民団体
「開かれたＮＨＫをめざす全国連絡会」が主催したシンポジウム「原発事故とメディア」の、
基調講演とパネルディスカッションをまとめたものです。中見出しは編集部でつけました。

チェルノブイリからフクシマへ

広河隆一

広島型原爆五〇個分

僕は、メディアをウオッチするよりも取材を優先させているので、僕が取材に行っている間にどういう報道がされているか、あまり知りません。ただ、その中で、NHKがニュースで「人体に直ちに影響はない」という言い方をいつごろから言い出したのか、という疑問がずっとありました。

3月12日午前5時44分、福島第一原発周辺の避難指示区域を半径三キロから一〇キロに拡大したと原子力安全・保安院が発表したことを、NHKが6時36分ごろ伝えました。その後、保安院が「一号機から微量の放射能が出ているが住民の健康に直ちに影響ありません」ということを発表し、各局が報じています。保安院がそういう言葉を使うのは、彼らの方針だということでしょう。

中東報道をやっているわれわれとしては、例えば「イスラエルのエルサレムはユダヤ教の聖地である」ということを、テレビ局のアナウンサーが言ってはいけないと考えます。これには異論があるからです。同様に、「イスラエルの首都はエルサレムだ」ということも言ってはいけない。これには多くの国が反対しているからです。「イスラエルはエルサレムを首都としていますが」という言い方なら問題ありません。しかし、それをアナウンサーの言葉で宣言したり了承したりすれば、その責任は放送局のものになる。微妙なところが怖い問題になるのです。

NHKは科学部の記者が解説していましたが、保安院の発表で屋内退避になった地域の人に対して「念のため、口や鼻を濡れたハンカチなどで覆ってください」と

広河隆一さん

言う。この「念のため」というのもこの後ずっと使われる言葉ですが、そうすると「念のためなんだから、その通りにしなくてもそんなにたいへんなことにはならないだろう」という、一般の人への刷り込みが始まってしまうのです。最初に避難した人たちの中には、「念のため」ということだから、ポケットの中に四〇〇〇円しか入っていなかった人もいた。その範囲が五キロ、一〇キロと拡大していき、入ると罰せられるようにまでなってしまった。

これは12日朝の放送ですが、アナウンサーが記者に「直ちに健康に影響が出るような危険が高まっているというわけではないのですね」と聞き直します。すると記者が「一号機の周辺ではモニタリングポストで観測されるレベルが上がっていますけれども、すぐさま人体に影響があるレベルではありません」と言う。保安院が言ったことに対してNHKが全面的にバックアップしてしまったわけです。「これはあくまで保安院の説明です」というように、クエスチョンマークをつけるような言い方をしていればまだいいのですが、局がオーソライズして、正しいことだとしてしまうことをやり続けたのが今回の報道の問題だと思います。これはNHKだけでなく、民放も同じです。

新聞のほうは、比較的それから自由だったと思いますが、社説や論説で書かれていることは、あくまで原発そのものは推進して、安全対策を強化するという路線が多く見られます。今回の事故がチェルノブイリ事故と同じ「レベル7」に達したというときにも、チェルノブイリとは全然違うんだ、といった解説が必ずありました。放出された放射能は一〇分の一だというような解説です。

これは空中に放出された放射能についてだけであって、海に放出された分については言われていないわけですが、これだけでもたいへんな量になります。チェルノブイリで放出された放射能は広島型原爆の五〇〇個分と言われます。その一〇分の一ということなら原爆五〇個分がすでに放出されている、ということになるのですから。安心させるための情報として、数字のからくりにメディアも捉えられてしまっているということを反省しなければならない。そして政府や電気業界も、そういう言葉を追認して、それが正しいという宣伝をしていったことは大きな問題だと思います。

メディアの安全尺度は？

チェルノブイリの近くにプリピャチという街があります。福島第一原発と双葉町との距離と同じくらいです。このプリピャチに入るには、許可証がなければ入れませんし、18歳未満は一切立ち入り禁止です。ここに住んでいた人は、年に一回二時間だけ、墓参りのために立ち入りを許されています。

チェルノブイリ事故では、放射性物質のストロンチウムも放出されました。ホットスポットが点在して、その距離は数百キロにわたっています。また、プルトニウムも放出されました。よく「プルトニウムは重いので、そんなに遠くまで飛んでいかない」と言われますが、チェルノブイリ事故では三〇キロ圏内に猛烈な汚染地域が存在しています。プルトニウムは猛毒ですから、線量が低くても体の中に入るとたいへんなことになりますが、黒海のほうまで汚染地域が広がっています。

セシウムについては、ウクライナの議会が一平方キロメートル当たり15キュリー以上という基準を決めて、それ以上の汚染地域には人の居住を認めないことにしました。強制避難の対象ということです。そこに住んでいれば年間5レム（1レム＝1ミリシーベルト）の放射線を浴びるから、と説明されています。ところが先日、福島県の子どもの年間許容放射線量は20ミリシーベルトとされました。日本の子どもたちはウクライナの四倍の放射線を浴びてもいい、という決定なのです。

いま福島では、三〇キロ圏を出るところで、体に付着した放射線量を測っているのですが、本当は体の中の放射線量を測る必要があります。僕は3月12日の朝に東京を出て福島に向かいましたが、道がずたずたになっていて、福島に着いたときにはもう暗くなっていた。それで郡山市内に泊まったのですが、これは判断ミスだったと反省しています。どんなことがあっても双葉町へすぐ入るべきだった。そこに住んでいる人がいるのですから。

13日の朝に国道288号線で福島原発のほうに向かいました。そのときには二〇キロ圏内はすでに立ち入り禁止でしたが、どこにも検問所がない。そのまま双葉町に入って行きましたが、途中、常磐線をくぐるところで、僕の放射線検知器は60マイクロシーベルトに上がりました。通常、原発から数百メートルのところで測るよりもはるかに高い値です。僕は自分の検知器が壊れてしまったと思ったのです。いっしょに行った森住卓さんが持っていたのは20マイクロシーベルトまでしか測れない測定器、豊田直巳さんのは簡易計だけれども1000マイクロシーベルトまで測れるものでした。ところが、双葉町役場の前で測ったら、三人とも計器が振り切れてしまった。僕のは100マイクロシーベルトまで測れる機器でしたが、今まで五〇回はチェルノブイリに取材に行って、それが振り切れたことは記憶にないのです。計器が動いている限り、僕はまだここに何分くらいいてもいい、というような判断をするのですが、振り切れてしまったら、なす術がない。振り切れた値の一〇倍なのか一〇〇倍なのか判断できないからです。

ところが、そんな場所を地元の人が平気で自転車で通り過ぎていく。双葉町役場や厚生病院のあたりには大勢の人が戻っていました。「念のため」の避難だと言われていたから三日くらいで戻って、荷物や預金通帳などを取りに行ったのです。そのときはこんな危険な放射線量だということを誰も言っていなかった。計器が振り切れるほどの放射線量だとは報道されていなかったわけだから、これは普通の対応だと思います。

モニタリングポストが壊れていたとか、東京電力がちゃんとした数値を発表してくれないなどとメディアが批判しましたが、発表しないのなら自分たちで測らなければならない。僕の機械でも測れるくらいだから、メディアの大企業が測れないはずがない。もちろん東京電力は手持ちの線量計を一〇〇台くらいは持っています。ところが、彼らは数値を出さなかった。「危ない」と言うことが怖かったのです。安全だ、人体に影響がないと言っているのに、この数値を出すわけにはいかなかったのです。ウソを取り繕うのに次のウソを重ねていった。彼らはパニックを恐れたというのでしょうが、パニックを恐れて被曝者を出してしまっては、どうするのでしょうか。

大手メディアも、「安全だ」という政府などの言葉だけを繰り返し伝えて、それを学者たちが追認している。

そうではなくて、例えば「今までのことは彼らが言っていることです。われわれは五〇キロ以内への立ち入り取材を禁止しています」といったことをメディアが言わなければならない。自分たちの安全の尺度と、人々に伝える安全の尺度が違うのですから。

南相馬市内に「原発爆発　この先立ち入り禁止」という看板が立っています。水素爆発があった後ですが、海外のメディアでは、爆音とともに何回も爆発の映像が報道されています。ところが日本では映像は出ても、音は消されています。現場の人は危機感があるので「爆発」という言葉を使っていますが、メディアでは絶対に流れない言葉です。

「想定したくなかった」被害

チェルノブイリ事故では、急性放射線障害で三〇人弱亡くなった、その後子どもたちが甲状腺がんでこれだけ亡くなった、と非常に少ない数字しか出しません。IAEA（国際原子力機関）や原子力を推進している国々などの方針で抑えられているのですが、実際にはものすごい数の人々が亡くなっています。事故の後の処理に当たった七人のうち、五人は40代から50代で亡くなりました。残った二人がいま安全なのか、わかりません。一人は南のほうの黒海の近くに逃げて行って消息がわかりません。こういう人はIAEAや国の把握している人数には入りません。

推進側の強みは、病気になったとしても、それが原発のせいなのかということを誰も立証できないということです。甲状腺がんのように非常に珍しい病気が、この地域で通常の数千倍現れているというような数字が出たときに初めて彼らは追認するのですが、それも病気がわかってから何年も後のことです。WHOが認めるのも1993年になってからで、IAEAはそれよりもさらに遅れています。原発が危険なものだということを認めてしまうと、世界の原子力行政にマイナスになるから言いたくないのです。IAEAの理事の中には原子力産業の人間も入っているから、彼らが利害関係者なのは理解できます。しかし、それをメディアも追認しているという問題があります。

チェルノブイリの街は原発から一七キロ離れています。街の病院で働いている人にインタビューしましたが、全員が健康ではないという。医者や看護師もそういう状況なのです。プリピャチの街は原発から四キロ離れています。放射線量を測ると少なくて2・5、多くて

6、平均して毎時4マイクロシーベルトですが、ここがいま死の町になっています。かつて五万人以上住んでいたところが、立ち入りを禁止されて人が住めなくなりました。

今回、福島県で学校を運営しても問題ない、としている数値は毎時3・4マイクロシーベルトです。数字が独り歩きして煙にまかれるようなところがありますが、この死の街で子どもたちが走り回っている姿を想像できるでしょうか。世界中が驚いていますが、チェルノブイリ事故のときも、いろいろなものが危険なレベルになってしまった。危険なものを安全にする方法が一つだけあります。安全基準を変えてしまうことです（笑）。それまで危険だからダメだ、というものを、数値を変えることによって安全にしてしまう。

ＩＡＥＡにとっては、今回の事故は本当に悔しいはずです。せっかく地球温暖化問題が追い風になって原発を推進し、莫大な利権を得られるという未来が約束されていたのに、こんな事故を起こした日本に対して悔しいと思っているでしょう。これを、大した事故じゃないように、何とか見せなければならない。その一つが基準値を上げることです。世界中の原子力行政も、基準値を上げなければ自分たちの未来はない、と思っているのです。

チェルノブイリ事故では、消火のためにヘリから鉛や砂利などいろいろなものを落としましたが、何を落としたから鎮火できた、ということがわかりませんでした。次に起こる原発の大火災に対して、何によってそれを食い止められるのかという知恵を、チェルノブイリ事故から二五年経った今も人類は学べていないということになります。

当時、避難用に使ったバスも、放射能が多いのでしばらく野ざらしになっていましたが、雨が降るとその放射能が地下水に入るので、解体されて地下に埋められました。避難対策については、旧ソ連と日本はかなり違うところがあります。

チェルノブイリ事故では、対策委員会が現地の真っただ中であるプリピャチの街の中に作られました。そこにモスクワから副首相が飛んできて、現地で指揮をとりました。参加したのは軍関係、消防関係、医療関係、住民代表として現地の共産党中央委員会、住宅公社の代表（住民のほとんどを把握している）などです。こういう人たちの命令の下で、一～二時間後には避難対策が立てられます。どこにどれくらい住んでいるのか、避難させるためにはバスを何台用意すればいいか。これにより、一二〇〇台のバスがウクライナ中から集結します。

しかし、委員会では、避難させるべきかそうでないか、激論がたたかわされます。旧ソ連の保健省の医療部会は「このくらいの放射能なら心配ない」と言い続け、気象委員会――環境省と気象庁をあわせたようなところです――も避難に反対しました。彼らは原子力災害に対して大きな決定権を持っていました。風向きによって核実験をやっていいかどうか判断するのです。アメリカでも、ネバダの核実験は、ラスベガスやロサンゼルスに向かって風が吹いている時には実施しなかった。

彼らのバックにいたのは科学技術アカデミーです。原発は絶対安全だ、と主張し続けましたし、原発の所長も大した事故ではない、と言い続けます。部下が「原子炉が燃えています」と報告した時でさえ――彼らはその後死亡します――それを認めようとしない。自分たちの想定にない事態が起きた時に、それを認めようとしないのです。彼らが持っていた放射線検知器が示したのが3・6レントゲンだったから、大丈夫だと言う。しかし、その検知器は3・6レントゲンまでしか測れなかった(笑)。自分たちの都合のいいように判断していくのです。そういう心理が、今回もあります。「想定外」だと言いますが、地震が起きて津波が来たらこういうことが起きる、というのは多くの学者がすでに警告していたことです。彼らは想定したくなかった。だから想定しなかった。それで今回起きたことは「想定外」だと言うのです。

岩手に行くと、「津波浸水想定区域」という看板が出ています。「ここまで」と書いてあるところより上には、今回の津波も達していない。看板を立てた人は歴史から学んでいた。しかし、すべてのことに目をつぶってきた人たちが、今回の事態を「想定外」にしてしまった。

大量の家畜を避難させた

僕は双葉町、浪江町を歩きましたが、人々が避難した後の商店街の店先には時計などが陳列されたままになっていたり、商品が残されたりしています。パトロールもそんなに長時間滞在できるわけではない。

チェルノブイリでは残された家から家財道具がすべて盗まれ、他のところへ転売されていった。僕がある幼稚園に行ったとき、カーペットの上にたまたま放射線検知器を置いたら、それが振り切れてしまったということがありました。それはチェルノブイリで盗まれたものが転売されて、その上で幼稚園児が寝転がって遊んでいた、ということです。

旧ソ連では、避難民に対して、住宅への入居を順番待ちしている人たちを押しのけて強制的に住まわせました。だから避難民に対する反発もすごかったですが、政府が強権的にそういう政策をとったのです。チェルノブイリ事故が起きて、翌日にプリピャチの人々が避難しますが、妊娠している女性は一つの病院で検査を受け、別のところに運ばれて、全体として管理下に置かれました。専門医をつけて、無事に出産できるようにしたのです。

まず一〇キロ圏のところから避難を始めます。その後激論になるのですが、人々に本当のことを言って避難させるべきだと主張したのは軍でした。軍の化学部隊は核戦争を想定した訓練をしていますから、どれだけ手に負えないものかを知っているので、避難の範囲を拡大するように主張します。また、地元の人たちも「この街には一万七〇〇〇人の子どもがいる。このことを最優先してほしい」と主張します。そして、閣僚会議の議長だった女性が、机を叩いて涙を流しながら「あなたの子どもがこんな放射能のもとに置かれていていいと思っているのか」と訴えました。その結果、避難地域が一〇キロ、一五キロと拡大していったのです。三〇キロ圏の避難が決定するのが5月2日で、その日に妊娠している女性と子どもたちが避難し、翌日にそのほかの人々が避難しました。そのとき、農民は自分たちの家畜も連れて行きました。

福島の飯舘村に行くと、自分たちの牛肉がどれだけ優れたものかということを示した看板が目につきますが、村の人々は今回、動物の処置もしないで出ていくことになりました。ウクライナでは約八六〇〇頭の牛を全部外に出しました。ベラルーシ側には数万頭の牛がいましたが、全土から家畜の輸送車を集結させて、安全なところに移して半年くらい安全な草を食べさせた。それで体の放射能の値が下がったところで、別のところへ移動させたのです。日本の場合、そんな対処はまったくしていません。

避難によって村が消えたところには、「かつてここにはこういう村があった」ということを書いた墓標が立てられています。そして、これから問題になるのは、避難した人の健康状態はどうなのか、避難した人から生まれた子どもたちはどうなのか、ということです。旧ソ連では、避難民の出産については特別な管理体制が敷かれ、薬などはすべて無料とされました。そうして生まれた子どもたちのカルテには、いつどこから避難した人から生まれたのか、いまどんな病気を持っているか、どんな治療が必要なのか、といったことが書かれています。

学者たちは自分たちが知っていることしか認めようとしませんから、広島や長崎で起きた病気しか認めようとしません。一般の医師たちはわかっていて、偉い学者たちが認めようとしないのは、放射能というのは免疫機能を破壊するので、あらゆる病気の原因になっていくということです。ある人は体がだるいと言い、ある人は頭が痛いと言う。それについて、当時の調査団も「放射能が怖いと思っているから、そのストレスで病気になるのだ」と説明していました。日本でもこれが「放射能恐怖症」だということが言われ始めていますが、ストレスで起こるにしても病気なのだから、適切な治療をしなければいけない。それが医者の仕事です。

甲状腺がんは、早期発見すれば必ず治ります。手術した後、薬を飲み続けなければなりませんが。早期発見ができないと、体中にがんが転移して、脳に回って死んでしまう。これはプライバシーや差別などの問題と関係してきますが、治療を受ける権利、健康になる権利は彼らが持っているものです。政府や電力会社は過ちを犯しているのだから、きちんと対応しなければならない。

チェルノブイリ事故で死んだ人の肺を薄く切って、X線フィルムの上に置いておいたら、X線を当てていないのに感光しました。原因はプルトニウムです。四歳のときに被曝した女の子で、症状が出るまでに一〇年かかったことがありました。また、プリチャチの自分の家のベランダから事故を見物していた女性もいました。妊娠していました。不思議な色の炎を見たそうです。しかし、それが危険だと言うことは誰も言わなかった。窓を閉めて閉じこもれという指示もなかったのです。

そのとき、避難させるかどうかで激論が交わされていました。避難させたら、たいへんな事故だということになってしまう。それを隠そうとする勢力がいて、そのことによって被曝する人が出てしまうのです。その後、この女性から生まれた女の子は、体中がいろいろな病気に冒されてしまいました。

次の問題は、そういう女性たちが妊娠して赤ちゃんを産めるのかという問題です。ウクライナやベラルーシは経済的に疲弊していますが、被曝した人たちがいつでも適切な治療を受けられるようにしています。今、日本でも母乳の検査をしていて、福島・茨城・千葉の九人の女性のうち四人の母乳から放射性物質が検出されました。もっと多くの人について調べれば、もっとたいへんな状況になってくると思います。93年にベラルーシに取材に行った時、母乳の検査を行っていましたが、九〇数人の検査で、全員からストロンチウムとセシウムが検出されていました。これは食べ物による被曝で、原発との距離は関係ないのです。

チェルノブイリの消防隊の隊長に会った時に、彼に「部下に消火に行けと命令できますか」と尋ねると、彼は「できません」と答えました。「ちゃんとした最新式の防護服があれば大丈夫じゃないですか」と聞いたのですが、彼は笑って「いま世界中どこにも、放射線の防護服は存在しないのです」と答えたのです。私はびっくりしましたが、彼によれば「アルファ線やベータ線が微粒子の中に混入して体内に入ってくるのを防ぐような服はあります。しかし、こういう事故で致死量に達するほど出てくるガンマ線や中性子線を防ぐ防護服は一着もないのです」と言う。

私はその話が信じられなくて、日本に帰って原発が多く立地している敦賀の消防署の署長さんに聞いてみたら、やはり今の防護服ではガンマ線や中性子線はまったく防げないと言う。「それでも消火に行くんですか」と聞いたら、「行かざるを得ない」と彼は答えました。

いま私たちが見ているような白い防護服は、大量に仕入れることができるような防塵服です。最近の報道で、放射線を40%ほど減らすことができる防護服がアメリカで開発されて、それが日本へ送られると言っていました。本当かどうかわかりませんが、激しい放射能を浴びても40%カットしてくれるかどうか、疑問だと思います。それに、40%カットしたところで、致死量に達してしまったら役に立ちません。それが原発事故の恐ろしさです。だから、今あそこで働いている人たちが、本当はこれでは危険なのだとわかったら、みんな逃げ出すでしょう。東京電力だって、事故から二〜三日めに「自分たちもここから逃げたい」と申請して、「最後まで責任を持て」と言われて押しとどめられますが、かわいそうなのはその下請けの人たちでしょう。

双葉町には「原子力正しい理解で豊かな暮らし」と書かれたアーチがかけられています（笑）。誰もいないところで、桜が見事に咲いていました。退避の圏内といっても、本当に危険なところとそうでないところがあります。ちゃんと土壌の線量を測って判断しなければならない。危険な個所には人を立ち入らせない。中のものを盗み出されない、ということもあるでしょう。それから、中で放射能をたくさん浴びた動物を外に出さないということもあります。原発の周辺では、福島県警による捜索も行われていますが、遺体などが一ヵ月以上放置されています。

今度の事故で、私たちが救援していたチェルノブイリの子どもたちから、次々と手紙がきています。「自分たちができることなら何でもするから」といった内容です。

「原発は安全」こそデマだ

静岡県の浜岡原発は、海に面して低い防砂林のようなものがあり、それから原発があります。これがどんなにたいへんなところに建てられているか、おわかりだと思います。これが運転再開するということがどんなに恐ろしいことか。ここは原発の施設がいろいろな方向を向いて建てられていますが、これはこの下を走っている断層に合わせたらそうなったのだと聞いています。

浜岡は遠浅の海岸で、いくら歩いて行っても大して深くならない。これが津波に襲われたらどうなるでしょう。まず、引き波で取水口は水が取れなくなってしまう。そして津波がくる時には、砂を巻き上げてこの取水口を塞いで破壊してしまうでしょう。そうなったら原子炉は空だきです。とにかく、いますぐこの原発は止めなければならない。そして、原発は止めただけでも危険だということが、今回の福島の事故でよくわかりました。核燃料を貯蔵するプールも冷却しなければならないわけです。冷却するには電源がいる。非常用のディーゼル発電機はたくさん用意しているというが、そういうものが全部使えなくなったのが今回の福島です。使用済み核燃料を貯蔵するプールも、ちょっと亀裂が入って水が漏れたら、それだけでもたいへんな危険となります。

チェルノブイリから、われわれは何も学ばなかった。今起こっている事態からも、何も学ぼうとしない。新聞の論説を見ても、「もっと安全策を講じるべきではないか」「もっと慎重に進めるべきだ」といった論調で、実にのんきです。本当は危険なんだ、と言った途端に、「不必要に（笑）危険を煽っている」と言われる。必要かどうかは彼らが決めることになっているのです。よく「デマ情報に惑わされないでください」と言われますが、いちばんのデマは「原発は安全だ」ということですよ（笑）。メディアに莫大な広告費を投じて、その結果が実っているわけです。

昔、講談社で『DAYS JAPAN』を出していた時、広瀬隆さんと二人で「四番目の恐怖」という特集をやったことがあります。そうすると「原発の問題を特集するような雑誌からは広告を引き上げざるを得ない」と大手の広告会社が言ってきました。広瀬隆さんが先日、朝日ニュースターに出演した時も、電気事業連合会がスポンサーを降りると圧力をかけ、実際に降りました。

メディアは決断しなければならない時期に来ていると思います。口をつぐんでいていいことと悪いことがある。今まではいろいろもらっていたが、これだけのことが起きた以上、黙っていては自分たちをジャーナリズムやメディアとは呼べない、とはっきり宣言すべきです。

これまで、大手のメディアは戦争が起きた時に後押しをした。爆弾を落とす側からの報道だけで、被害のことはほとんど報じなかった。アメリカのメディアは、加担もしましたが、「自分たちが間違っていた」という反省もしています。原発の問題でも同じようになるとは、僕も思いませんでした。まさか、こんなに追随だけしかしないメディアになってしまっているとは。電力会社の広報室とどこが違うのでしょうか。私たちが監視する眼、情報を取る眼を失ってしまったから、彼らはやりたい放題になったのです。そのなかで、被曝者が広がっているという状況だと思います。

『DAYS　JAPAN』の今年の1月号で浜岡原発の特集をしましたが、これで想定したシナリオと同じことが福島で起きました。もう在庫がありません。5月号では広瀬隆さんと僕で原発を特集しましたが、一週間くらいで売り切れました。

いまは解説する段階じゃなくて、行動することが大事だと思います。次の原発を止めること。原発を全廃しろ、と言っても賛同する人は少ないかもしれませんが、危ないからいったん止めて考えよう、ということなら、今は反対する人はそんなにいないと思います。いったん止めて安全を考えたら、再スタートできないのは当然です（笑）。

まず止めるというところに、皆さんの力を貸していただきたい。どうもありがとうございました。

パネルディスカッション

パネリスト
後藤政志（元東芝・原子炉格納容器設計技術者）
寺尾克彦（福島放送労働組合）
渡辺実（防災・危機管理ジャーナリスト）

コーディネーター
砂川浩慶（立教大学准教授）

砂川　それでは、三人のパネリストから順にお話をいただきます。

絶対的な制御はできない

後藤　こんにちは。私は東芝で、1989年から十数年にわたって原子炉格納容器の設計を担当してきました。昔から気にはしていたのですがまさかこういう事態になるとは、という感じです。3月11日は、大学の講義で調布にいて、家に帰れず帰宅難民になりました。地震の被害と福島の事故のことを知ったのは12日になってからで、格納容器の中の圧力が二倍になっているというので、これはスリーマイル島の事故を超えるな、とすぐわかりました。これはまずいと思って、黙っていられなくなって情報発信を始めました。

　福島の原発には私は関わっておりませんが、原子力に関わった人間として責任の一部を感じ、ぜひお伝えしなければならないと思っていることをお話します。

　地震発生時、福島第一原発では1、2、3号機が運転中で、4、5、6号機は停止していました。原子力発電所は、送電線や電源系統がやられて電気が来なくなると制御できません。地震が来たら、核反応を止めるのが最初ですから、核燃料に制御棒が下から入ります。だから、最初の発表は「プラントは安全に停止しました」と言った。実はここからが地獄になるわけです。

　運転を停止しても核燃料は崩壊熱という熱を発生させますから、その熱を除去するのに非常用電源で冷却装置を動かさなければならない。非常用電源というのは普段は使っていませんが、ディーゼルエンジンで発電してポンプを回すものです。

　ところが、実際には津波――それ以外の要因の可能性もありますが——によって、複数ある非常用のディーゼルエンジンが立ち上がらなくなった。1号機、2号機、3号機それぞれ違う要因が考えられますが、いずれも冷却に失敗しました。原子力プラントというのは、核反応でお湯を沸かして、その蒸気でタービンを回して発電するものです。その蒸気は外部の海水で冷やして、もとの水に戻していくという仕組みです。プラントの中に冷却水が入らなくなると、どんどん水位が低下して、炉心が露出します。そうすると、ものすごい熱で被覆管のジルコニウムと水が反応して水素が発生します。

後藤政志さん

　炉心から出た水素は、格納容器から漏れたと私は考えていますが、この水素が建屋の内部にたまって、火がつくと爆発します。これが1号機と3号機の水素爆発です。炉心内の圧力が高くなると、格納容器の非常時逃がし弁から、円環状のプールに入って、蒸気が冷えて水になる。そういう設計にもともとなっているのです。

　圧力容器というのは、直径五～六メートル、長さ二〇メートル、厚さ十数センチの鉄板でできています。万一配管が破れて中の蒸気が漏れた場合に閉じ込めるのが、格納容器です。そもそも冷却がうまくいって、格納容器についているすべての配管を遮断して「隔離」ができれば、プラントの中がめちゃめちゃに壊されたとしても、放射能は外には出ません。配管が破断して、内部のエネルギーを最大限出しても、格納容器の設計温度・設計圧力を超えないはずなのです。その圧力が二倍になっているという。これは、プラントの中で異常が起こって、とんでもない事態になっているのです。原因としては、冷却系がダメになっているということがありますが、もしかすると地震でどこかがやられている可能性がある。それはこれから検証されなければなりません。

　格納容器は放射能を外に出さないための装置ですから、その圧力が上がって壊れたらたいへんです。それで、もとの設計にはないのですが、格納容器ベントというものがついていて、圧力が非常に高まった時には仕方なくこれを使って外に逃がします。圧力を逃がすための安全弁というのはどこにでもありますが、格納容器の目的は放射能を閉じ込めることにありますから、それを逃がす弁は「安全弁」ではなくて「危険弁」です（笑）。これは、絶対ないと言われていた、スリーマイルやチェルノブイリのような「過酷事故」があった場合にはやむを得ない、ということなのです。しかし、炉心から放射能が出ていますから、この弁を開くということは放射能を外に出すということになります。しかも、水を通さず、直接空気中に出すのです。

今回の事故で放射能が多く出た要因は、炉心が空だきになって溶けたことに加え、水素爆発が起きてそこから飛散したこと、格納容器の圧力が高くなったのでベントしたことにあります。

核燃料のプールには五〇〇体くらいの燃料集合体がありますが、4号機にはおそらく一五〇〇体くらい、プラント二基分の使用済み核燃料が貯蔵されていた。つまり、発熱量がすごいのです。ここでも爆発が起きて、私は4号炉も水素爆発を起こしたと思っていたのですが、読売新聞の報道によると、4号機では燃料の損傷はないのではないか、ということで、3号機で発生した水素が4号機に回って、それが水素爆発を起こした可能性が高くなりました。

これだけ大量の放射性物質を保有していて、炉心が溶融し、燃料プールの冷却も危ないという状況です。この段階で、私は最悪の場合にはチェルノブイリを超える、と思いました。それは、放射性物質の量がチェルノブイリの何倍もあるからです。チェルノブイリは4号機だけでしたが、今回は1号・2号・3号全部がメルトダウンしている。おまけに使用済み燃料もたくさんあるわけですから。もし大爆発を起こしたら、東京がやられてもおかしくなかった。例えば2号機が爆発したら、1号も3号も同様です。冷却は人海戦術で細々としかできないわけですから、一つ爆発したら逃げなければならないので、結果的には全滅します。最悪は二〇〇～三〇〇キロの範囲に飛散して、首都圏が強制退去の区域になる可能性も否定できません。

過去の原子力事故では、制御棒で停止させるのに失敗した例があります。臨界事故も二回起きています。「臨界」というのは、予定しないのに核反応が勝手に進むことを意味します。こういうことは隠されていましたが、制御関係で事故が起きることから、私は原子力というものはダメだと思うようになりました。

アメリカのスリーマイル島の事故では、炉心がドロドロに溶けてしまいました。今回の事故でも、これと同様か、もっとひどいことになっていると思います。いちばんひどい場合には、炉心が溶けて圧力容器の底が抜けて下に落ちます。これは少々の水では冷えず、水蒸気爆発を起こします。非常に高温の液体と低温の液体が接触したら、条件によっては体積が瞬時に数百倍に膨れ上がるのです。格納容器も溶融物に触れると溶けてしまう。そして、また核反応が進む再臨界が起きる可能性も出てきます。

安全と危険のあいだには、グレーゾーンがあります。このはっきりしないグレーゾーンをどう見るかが重要です。普通、このグレーゾーンを安全とみなして運転してしまう。危険を見つけたら止めるという考え方ですが、これが危ないのです。システム設計上はこういう考え方はとらないほうがいい。安全がはっきり確認できない時には運転を止めて、確認できたら運転する。これが安全性の考え方です。

私の考えでは、原子力は技術による閉じ込め機能が万全ではない。原発の放射性物質を確実に閉じ込めるのは非常に難しい技術なのです。しかも、細分化した設計の組み合わせで、原理的に安全を担保することが不可能です。大規模に多重防護したとしても、機械は故障しますし、人為的なミスも起こりますから、どうしても確実に抑え込むのが不可能なのです。

これまで安全だと主張してきた人たちは、絶対安全ではないけれども、確率的に無視しうるくらいだから安全だ、という言い方をしてきました。私は、この「無視しうる」という考え方がいけないと思います。どんなに可能性が小さくても、物理現象として起こることであったら、それが起こらないと証明されない限り安全ではないのです。

原子力事故対策の原則は「止める・冷やす・閉じ込める」ですが、それぞれの段階で人間が制御できなければならない。しかし、人間は絶対的な制御はできません。モノは欠陥があったり、古くなって傷んだりします。あるいは今回のような地震や津波もあります。それで事故が起きて、何もしなければ破局に至るのが原子力事故なのです。

今回、津波対策をするのはいいのですが、それをもって浜岡原発を運転してよいというのはまったく間違っていると思います。津波というのは一つのきっかけであって、それ以外のきっかけはいくらでもあります。スリーマイル島の事故は一つの機器の故障から始まって、それに人為的なミスが重なりました。つまり、一つの要因だけを抑えれば安全だということはないのです。ほぼ無限にある要因すべてに対応して初めて安全だと言えるのです。

現地取材が難しい

寺尾　福島第一原発から西へ約五八キロ、福島県郡山市からやってきました。ローカル局ですからできることが限られている中で、一〇〇〇年に一度といわれるような状況に立ち会うことになってしまいました。

　まず、私たちの会社で事故発生から今日までどのような対応を取ってきたのか、ということをご説明します。3月11日午後2時46分に福島県では最大震度6強の地震が発生しました。福島放送のこの時間はドラマの再放送枠でしたが、すべての放送を臨時の報道体制に変えて、13日の深夜までCMも流すことなく、ぶっ続けで報道特番を編成しました。

寺尾克彦さん

　私は、地震の当日は営業の現場にいて、あの長い揺れを屋外で耐えていましたが、会社に戻ったのは日が暮れてからでした。その後、報道から各部署に応援のお願いが来て、翌日に報道の応援に入りました。まずヘリコプターに乗って上空から取材しましたが、各系列とも東北ブロックでヘリを一台確保しているのですが、仙台空港が津波で被害を受けてそのヘリが利用できなかったので、東京のキイ局であるテレビ朝日からのヘリを、東北地方でその時点で唯一利用可能だった福島空港に降ろして、そこから乗りました。

　生中継に対応してくれという話になり、福島県の沿岸部の相馬市から岩手県の陸前高田市の上空まで行きました。宮城県の沿岸部は津波でやられて、海岸線がどこにあるのかも分からないような状況でした。仙台港に行くと、コンビナートが黒い煙を上げて燃えている。北上して気仙沼市あたりに行くと、陸に上がった漁船が燃えている。陸前高田市は、目立った建物はほとんどなく、残っていた病院も最上階まで津波の被害を受けていました。そういう取材をして帰るときに、原発事故が発生しているので、海沿いを通らずに陸側を通って戻るように指示があり、それで私は事故のことを知りました。

　地元の町職員の話では、次の日の早朝5時半くらいに、二〇キロ圏内の住民に避難するように連絡があったそうですが、本当にポケットに数千円入れただけで出て行ったり、それにバスが集合場所になかなか来ないので自家用車で避難したり、といった状況だったということです。

双葉町と同じく福島第一原発が立地している大熊町では、東西に伸びている国道288号沿いの田村市の避難所に住民が避難して、私はその避難所から中継リポートを行いました。よく、避難している方とマスコミとのいざこざが取りざたされますが、このときは避難してまだ一〜二日という時期だったためか、皆さん協力的で、むしろテレビに映ることで自分たちの安全を伝えられるから「私たちの前でリポートしてほしい」と言ってくれた方もいました。

3月14日、水素爆発が発生しました。私はこのころから本来の職場である営業に復帰しました。そして、県の災害対策本部から二四時間体制の中継が行われるようになったのもこのころからです。県も東京電力も大混乱の様相でしたが、行われる会見やレクチャーはすべて中継回線をつないで生中継をしたり、東京のキイ局に映像を送ったりしました。

このあたりから、キイ局であるテレビ朝日の原発担当デスクが線量計を持ってきました。実は、うちの局では宮城県沖の地震を想定した訓練は頻繁に行っていたのですが、原発事故はあまり意識していませんでした。そのため、会社に線量計は用意されていたのですが、出してみたら電池が切れていた（苦笑）。新潟の系列局が非常に早く応援に来てくれましたが、新潟は中越地震、中越沖地震を経験していますので、線量計を持って応援に来てくれました。

系列の取材マニュアルがあって、原発の近くでは取材しないということになっています。放射線量の高い飯舘村、南相馬市、川俣町といったあたりにはキイ局と協議の上で、取材に行かないことにしました。また当時は線量が高かったいわき市には営業や報道の支社がありますが、全員本社に引き上げました。

事故発生から一週間ほどは、まるで大本営発表のような情報を視聴者に伝えていました。ただ、危険を煽っていいのかという悩みもありました。一週間たって、サーベイメーターなどの機器も整ってきたので、会社の通用口に検査機器を置いて、取材の行き帰りに線量をチェックするということを始めました。掃除用具のほこり取りを使ってちりを払うことや、使ったマスクは必ず捨てる、ということをしています。

そのうち、避難が県外にも及ぶようになりました。福島県からは、隣の新潟に避難している方がたくさんいて、お彼岸のころまでには一万人近くに達しています。新潟の系列局から、避難している人々について福島に中継を入れてもらうことになりました。また、福島で放送したローカルニュースを新潟の局の深夜帯で放送してもらって、新潟にいても福島の情報を得られるように対策を取りました。

彼岸が明けて、各地の放射線量が低くなってきたので、各メディアが福島県沿岸部の浜通りの各地に取材に行くようになります。私たちは、必ず線量計を持っていくこと、毎時10マイクロシーベルトを超えたらその場で取材を中止することを条件としました。

私たちは、福島にいながら原発について勉強する機会をあまり持てませんでした。私は入社三年目くらいに、他の局の報道記者たちと一緒に福島第一原発の見学ツアーに行ったことがありますが、その程度のものです。今回、福井県の「もんじゅ」を取材した専門記者に応援に来てもらったりしています。

地震から一ヵ月経った4月11日、県警から「浪江町で捜索をします」という連絡がありました。それで、記者とカメラマンが防護服をつけて同行取材しました。規制がかかっているエリアに取材で入るのはこれが初めてでした。これには行かなかった局もあります。しかし、フリーのジャーナリストたちが現場に入って取材しているのに、地元の局が取材に入らないということにジレンマを感じて、取材マニュアルの緩和ができないか管理職が協議をして、取材の必要性が高いこと、積算被曝量の制限を守ること、通信手段を確保することなどの条件付きで解除することになりました。

23日から二〇キロ圏内の立ち入り禁止規制が行われ、バリケードが組まれるということで、規制される前に双葉町を取材しました。これは、若い記者・カメラマンを行かせるわけにいかないので、報道制作部長が自ら取材に出て、福島第一原発から三・五キロのところまで行きました。積算被曝量は毎時60マイクロシーベルトで問題ない、ということで、部長はこの夜『報道ステーション』に出演しています。

立ち入り禁止規制により、地元の人が自分の家に戻るだけでも逮捕されてしまう可能性があるという状態で、現地に入って取材することが難しくなっています。各局の取材マニュアルとしては、年間の積算被曝量が１０００マイクロシーベルト、毎時10マイクロシーベルトを超える地域には立ち入りを制限する、というようなものです。ただ、実際には線量計の数が足りなくてキイ局から借りる、などの問題も起きています。他の局の中には、キイ局の取材班は二〇キロ圏内にも行くが地元局は行かない、ということにしているところもあります。地元は継続して取材するので、単発で東京から取材に来るチームに比べて線量が蓄積する可能性が高いから、というのがその理由です。一方、ラジオ局は他からの応援もなく独自に取材・報道しています。

いま悩んでいるのは、被災している上での原発情報の伝え方、ということです。地震や津波で大きな被害を受けている中での取材ですが、福島県は北海道・岩手県に次いで日本で三番目に広い都道府県で、福島県内の会津地方は今回の地震でもちょっと揺れただけで、至って平穏です。それでいて、被災地や立ち入り禁止地域も抱えている。

それから、地元の人どうしの対立というのもあります。小学校の校庭の表土を削って放射線量を下げるという取り組みをしていますが、この土をある最終処理場に持って行こうとしたら、そこの付近の住民が反発しました。結局、土は校庭の片隅に固めてビニールシートを被せる、ということにしていますが、生徒の父母からは「一日も早く取り除いて」と要望が出ています。また、「避難民」「被災者」という、上からモノを言うような言葉遣いにも神経を尖らせています。

「安心」「安全」区分できず

渡辺　私は防災、減災という世界で三〇年ほど仕事をしてきました。そのなかでも、情報で命を救いたい、という思いがあって、放送の世界に関わってきました。

渡辺実さん

今回の地震の発生時に、私は民放連にいました。紀尾井町のあたりには、地震直後にはたくさんの人が表に出ていました。それから私は日本テレビに呼ばれて三日間、缶詰めになりました。二四時間体制の特番に入って、それに三日間対応しました。

巨大な地震と津波が起きて、原発事故も起きたのですが、私の感じでは、この三日間は放送時間の半分以上を原発に費やしていたのではないか、と思います。地震と津波の報道については、日本テレビも過去に経験がありますが、原発事故というものには、１９９９年の茨城・東海村ＪＣＯ臨界事故の経験はありますが、国内の地震に伴う原発事故には初めて取り組むことになります。

三日間の特番では、日本テレビの倉澤さんが原子力専門の解説委員として、それから放射線の人体への影響については東大病院の中川先生、そして社会的な部分については私が担当して、原発事故の解説をしました。このように解説者を固定したのは、民放の災害報道の新しい形ではないかと思います。

報道特番が終わって、その後の各局の番組にも出演したりしてから、岩手県、宮城県の被災地に行きました。一ヵ月半かけて沿岸の被災地をずっと歩いて、一部を残してほぼ被災地の全部を回ることができました。まだ福島県には足を踏み入れていませんが、一ヵ月半かけてもすべての被災地を回りきれないという震災は初めてです。東日本大震災は、これまでの災害報道のスケールを超えてしまっている。

それに加えて原子力災害ですが、報道を見ていると、「安心」の情報と「安全」の情報を区分できないいま放送に載せていたように思います。そして、枝野官房長官や原子力安全・保安院、東京電力の記者会見などが、突然スタジオに入ってくる。そこではかなり技術的な情報が出てくる。しかし、それをスタジオで受けているキャスターは、ほとんど素人です。そのキャスターだけではさばききれないので、脇に専門家を置くわけですが、「安全」に関わる情報が視聴者にわかりやすく伝わっていたかどうか、検証が必要だと思います。もっとも大事な「安心」情報、つまり「安全」に関する情報が「安心」できるものなのか、それとも危険なものなのか、翻訳して、噛み砕いて伝える役割がマスメディアにはあると思います。

この4月末の時点で、被災地ではまだ仮設住宅が足りません。避難所にはまだ約一三万人が避難している状況です。こういう状況で、原発のこれからということをどう考えていけばいいのか。原発事故だけを切り離して考えられる状況ではありません。広域の震災が同時進行で起きていて、被災地の今後の復興を考えるときに、原子力災害が今後どういうシナリオをたどっていくのかということが非常に大きな前提になると思います。しかし、今の報道を見ていると、この先原発がどうなるのかということに関する情報が極端に少ないように思います。

日本の災害の歴史の中に、こういう出来事をトレースできる前例はありません。この後も手探りで報道のあり方を考えていかなければならない。しかし、いま避難所で生活している方が、仮設住宅に入る日もそう遠くないと思われます。仮設住宅に入れば、一世帯に一台、テレビを用意できます。そうなったとき、テレビ局が被災者に対してどういう情報を提供しうるのか、大きく問われる時期が来ると思います。そのうちの大きな位置を占めるのが、原子力災害の報道でしょう。

シナリオが決まっている

砂川　会場からたくさんの質問をいただきました。この問題の重要性を物語っていると思います。原発のニュースの時に、施設が壊れている3月段階での映像から入るということに不安を覚える、という意見がありました。この点について、渡辺さんからお願いします。

渡辺　震災発生当初は日本テレビのカメラがいいポジションを取っていたという評価があるようです。超望遠レンズで原発の1号機から4号機を狙って撮りました。その後NHKはさらに性能のいいカメラで、もっと遠くの「三〇キロ以上」と字幕を出して、安全な位置から撮影していることを説明しながら映像を撮っていました。

雲仙・普賢岳の火砕流事故のときには、各局は自衛隊の映像を借りていました。何か動きがある、というわけでもないし、映像を撮ることにそんなにこだわる必要があるのか、という気もします。

後藤　今回、私にもテレビ出演の声がかかるようになりましたが、だいたいシナリオが決まっています。きょうはこういう話をするので、これについてコメントを求めます、ということなのですが、例えば、消防隊が放水している映像を見せて、司会者が「この放水は有効でしょうか」というような質問を私にする。私としては、いま原子炉の炉心がどうなっているかということがもっとも重要な問題だと思っているから、そういう質問をされても「やらないよりはいいんじゃないですか」（笑）ということくらいしか答えられない。マスメディアとしてやるべきことをやっていない、と言わざるをえないのです。だから、テレビ出演を求められても、事前に出演の内容を聞いて、自分が行く価値があると思ったものしか行かないことにしました。

煽るな、ということがよく言われます。テレビにどれだけ規制がかかっているのかはわかりませんが、相当の自主規制は感じます。テレビ局にもいろいろな人がいますが、多くの人は、私にあまり「危ない」と言わせないようにしていました。それで、私としては、ここは私のいる世界ではない、と思ったのです。

寺尾　私は原発の立地している大熊町から避難してきた方を取材しましたが、それは避難してまだ二日目という段階でした。電話もつながらないので、テレビに映してくれることによって、自分の安否を伝えられると考える人も多かったのです。

避難所で放射線量のスクリーニングが始まって、これはまずいな、という雰囲気が出てきました。放射線量の高い人は別の場所でまた検査を受けて、場合によっては除染作業をして……ということになって、不安感が広がっているところへ、東京のスタジオから生中継の呼びかけで「そちらには放射線量の高い方も避難されているようですね」と聞かれて、それに答えるのは非常につらいものでした。避難所の方々もそのテレビを見ているのです。「…ということらしい」という推測に基づく情報も含めて現場から伝えてくれ、という東京からの要望に対しては、現場としては「ウラが取れていないものは話せない」と強く反発しました。

ただ、スクリーニングが始まっているという事実は伝えたほうがいいのではないか、という意見もありました。それでも私としては、不安を煽るようなことはしたくなかったのです。翌日、水素爆発が起こってからは、さらに雰囲気が変わったということもありましたが。

事故は終わっていない

砂川　被災している人たちの欲しい情報と東京の視聴者の欲しい情報はまったく違います。3月15日以降、東京にも放射線が来ていることがわかると、メディアが浮足立ってしまった。しかも、専門的な知識が不十分なまま、速報的に情報が流れてしまう。放射能に対する正しい理解というのはどういうものなのか、という質問もいただいていますが、このあたり、後藤さん、いかがですか？

後藤　原子炉を止めるというのはどういうことなのか、止めた後も熱が発生するのか、冷却というのはどういうことをするのか、といった基礎的な知識がないまま、現象だけを報道していても意味がありません。水素爆発が起きたということは、燃料が損傷していることが明らかで、3月11日の段階で専門家はみんなわかっていました。このまま行けばスリーマイル事故を超える事態になるということもわかっていた。しかし、それを伝えたらパニックになってしまう、と考えた。私は逆だと思います。炉心がこういう状態になっていてかなり危険な状態だが、こういう対応をしているから大丈夫だ、とていねいに説明すべきなのです。

海外のメディアが私のところに取材に来ましたが、「なぜ日本では真実が明らかにならないのか。真実が報道されないから日本中がたいへんなことになっているという報道になる」と言われました。それから、海外の人たちはすぐに逃げました。ヨーロッパの航空会社は、日本の事務所を成田から関西空港に移したり、場合によっては韓国に移したりしました。これは当然で、原子力災害では何百キロも放射性物質が飛散する可能性があるからです。我々は逃げるところがないからいるだけで、逃げるのは当たり前なのです。

　これは被曝許容量とは関係ありません。もし、仕事で日本の事務所にいる人が少しでも被曝することになったら、その人は自分の企業を訴えるでしょう。「なぜ将来健康被害をもたらすかもしれない放射能を、微量とはいえ浴びなければならないのか」ということです。企業は従業員からの提訴がこわいから、撤退するのです。私もこういう考え方に理解がありませんでしたが、彼らにとっては自然なことです。我々だって、放射能は浴びないほうがいい。「地球上にはすでに過去の核実験による放射性物質が存在しているのだから、今回の事故はそれに少し上乗せしただけだ」という議論がありますが、とんでもない話です。あいつが泥棒したから自分もしていい、という理屈ではありませんか。そういう考え方がまかり通る日本とはどういうところなのか、ということを私は心配します。

　科学的にどこまで大丈夫か、という議論はあるでしょう。しかし、原発の恩恵を受けていない地元の人々が、リスクだけを引き受けるということは、メリットなしにデメリットだけ受けるということで、そういうことが平気で行われている日本は非常に不健全だと思います。

寺尾　何がどうなっているのか、避難している人たちがいちばんわからない。テレビを見られないからです。取材に行ったら、まず「どうなっているのか教えてほしい」と言われました。そういう足元の情報は、あまりうまく伝えられなかったという反省があります。内陸部の郡山市内でも、高速道路がガタガタになったり、家が壊れたりした方もたくさんいました。そういう人に何を伝えるべきか、というのは難しい問題だと思います。

　生中継で、東京の番組を聴きながら待っていると、専門家の解説を聞いているうちに自分が現場にいるのが恐ろしいような気がしてきます。地震発生当初のテレビの報道は怖かった、と言われました。事実を伝えなければならない、というのはその通りですが、もっと身近な情報を伝えるべきだったのではないか、と今は思っています。

　発生から一ヵ月以上経って、実態はどうかわかりませんが、なんとなく落ち着いてきたように見えます。

そうなると、被災地の映像や情報が乏しくなってきます。私たちも生活情報中心にシフトしていきたいのですが、東京からは「避難所で不安を抱えているような映像が欲しい」と注文される。東北三県以外の視聴者は、落ち着いている映像より、被災地ががんばっているような映像のほうを見たいのかな、とも思います。福島の他局の人と話したら、彼らも「キイ局からの注文をこなすのが精いっぱいで、ローカルの情報をなかなか伝えられない」と嘆いていました。そのあたりはキイ局にも少し考えてもらいたいと思います。

渡辺　きのう、テレビ朝日が四時間半に及ぶ特別番組を放送していましたが、ああいう番組を作るとなるとローカル局もたいへんですよね。

寺尾　東京から取材応援も来るのですが、今回は岩手・宮城の応援が厚くて、福島にはあまり来てくれませんでした。原発がこわいのでしょうか（笑）。他局の系列では、局の労働組合が反対して行かせないので、部長クラスがカメラを持って来たところもあったそうです。うちは、応援取材の人にはより安全な南相馬市などを回ってもらいました。

渡辺　番組を見ていると、ヒューマンドキュメント的な作りになっているものが多くて、事態が落ち着いてきたせいもあるのか、人物を追いかけて番組にする、というテレビの性がありますね。しかし、今必要なのは、今回の原発事故が今後どのようなシナリオを描いていくのか、ということです。このシナリオは一つではないかもしれませんが、メディアとしてその情報を視聴者に伝えることが非常に大事です。

M9という巨大地震が起きた後には、M8クラスの最大余震が数ヵ月後くらいには発生する、という過去のデータに基づく専門家の見方があります。こういう問題も含めて、今後のことを考えていかなければならないという段階で、原発事故が、例えば後藤さんの言うようなシナリオで展開していくのか、それともそうではないのか、情報提供してもらうことも重要です。いま警戒区域になって強制的に避難させられている人たちが、これからのことを考えるという意味でも、原発事故の今後のシナリオをメディアとして伝えていかなければならないのですが、メディアからそういう情報が、残念ながら出ていないのではないでしょうか。

後藤　私の理解では、炉心はめちゃめちゃになっていますが、温度は安定してきた。このまま行けば、終息する可能性が高くなっていると思います。ただし、原子力プラントがちゃんと稼働しているわけではないので、本来なら一時間に数百トンから数千トンの水を注入できるのに、現状では一時間に数トンから十数トンしか入れられない。これがもし止まるようなことがあれば、やはりメルトダウンの危険が生じます。

格納容器が壊れているので、放射能は出続けていますが、それほどひどい量ではない。これがもし何かあったら、もっと大量に放出されるようになるかもしれない。そういう状態ですから、決して事故が終わっているわけではないのです。

先日、千葉県で竜巻が発生したというニュースがありました。もし原発が竜巻に見舞われたら、原子炉は大丈夫でしょうが、使用済み核燃料プールはむき出しですから、水が失われて、核燃料が巻き上げられてばらまかれることを私は心配します。だから、危険源があることを忘れてはいけない。異常な事態が起きれば直ちに危険な状態となりえます。東京電力は安定させる対策を取っていますが、格納容器を補修することはかなり難しいでしょう。私のイメージでは、薄い塀の上を歩いていて、足を踏み外したら危ない、という状態です。

チェルノブイリから学ぼう

砂川　先ほどの広河さんの話で、放送局は自分たちの安全基準がどうなのか報じていない、ということがありました。今回の事態は、詳しく報道すれば流言飛語を招くような事態も出るし、専門用語が多くて難解な報道が多く、誤報も出やすいという問題があると思います。こういうジレンマは今後も続くことが予想されますが、寺尾さん、何か考えていることはありますか?

砂川浩慶さん

寺尾　生の事態が起きているのですから、現場で取材している記者がここで放射能のことなどを勉強していくしかない、と思います。専門家の先生方の話などを聞いて、なるべく早くそれを咀嚼して伝えていく、原発立地県の放送局の宿命として、みんなでそういうことをやっていくしかないと思っています。
砂川　今回、民放に原子力の専門記者が非常に少ないことが露呈しました。渡辺さんは民放連の記者研修の講師などもされていましたが、今後の記者教育について、どうお考えでしょうか。
渡辺　次は南海・東南海・東海の大地震ですから、もし南海トラフによる大地震が起きれば、複数個所の原発で同時にトラブルが発生するということも考えなければならない。発生直後の報道を見ている限り、記者やキャスターが原子力に関する知識があまりにも乏しい。それに、今回は官邸、原子力安全・保安院、東京電力と、記者会見の開催地が複数にわたったので、その少ない専門記者をどこに配置したらいいか、という問題もありました。

記者が会見を聞いて原稿を書いて本社に送るのですが、情報を咀嚼できていない原稿も見られました。自分たちでできなければ、外部に求めるしかありませんが、どの専門家がいいのかということも大きな問題です。そういうことを放送局としてどのようにシステマチックに考えていくかという課題も突きつけられていると思います。

砂川　いただいた質問の中に、スポンサーとしての東京電力、という問題がありました。日本広報学会の会長は東京電力社長です。ただ、電力会社がスポンサーについているがきちんとした報道をしている、という局からの説明もありました。

今後に向けてどういうことに注意していくべきなのか、テレビ報道への提言や注文を順にご意見をうかがいます。

寺尾　被災地の放送局は、報道も営業も厳しい状況です。放射線量が高い飯舘村は、原発が立地している自治体ではないので、電源交付金を受けていません。何とか自分たちでがんばろうとして、飯舘牛というブランドを作りましたが、今回の事故で牛を連れて逃げることができない。また郡山市では、小学校の校庭の土を除去しようとしたら「うちに持ってくるな」と反発されるなど、みんなストレスがたまっています。そういう中で、地元の放送局として何ができるのか。地元で顔を出しているキャスターが取材に行くと、話をしてくれるというケースもあります。

原子力発電所がどうなっているのかという情報は、地元からは上がってきません。福島の出先でも記者会見は行われますが、本店の「ひも付き」です。それに、地元の記者も専門知識がないから、会見で質問ができない。専門家に突っ込めるようにさまざまな部署で勉強を続けていく必要があると思っています。生活情報を伝えながら、原発に関する正確な情報も伝えていく。我々ローカル局ならではの伝え方があるのではないかと思って、探っていきたいと思っています。

後藤　現状の福島は、放射能が漏れつづけているので、これを何とか止めなければなりません。それから、事故原因がわかっていません。技術屋から見ると、いろいろな疑問があります。津波だけが事故の原因でしょうか？　事故原因がわからないのに対策はできません。他のプラントも同じような事態になる可能性があるということです。津波に対する対策だけでは片手落ちです。

4号炉の水素爆発は、燃料が損傷していないのに起きたというのは、水素がどこからか来た、ということです。調べてみると、3号炉と同じスタックにつながっていた。事故原因を特定して対策に反映させるのが当然なのに、一ヵ月経っても何の情報もない。断定することは難しいですが、こういうことが考えられる、として対策をしていかなければどうしようもない。そのためには、マスコミからもっとプレッシャーをかけてほしいと思います。

再発防止を真剣に考えてほしい。特に、私は浜岡原発が心配で仕方ない。そういう問題点を出して、できるだけみんなで情報を共有して、すこしでも事故の可能性を減らしていくということしかないのではないかと思います。

渡辺　広河さんの講演で、「チェルノブイリから何も学んでいない」と言われたことが心に刺さりました。原子力に関する災害報道を考えていくときに、情報をどう発信していったらいいのか、今からでも遅くないからチェルノブイリから学んでみようよ、と言いたい。チェルノブイリの一〇分の一の放射能、といっても広島型原爆の五〇個分に相当するという話などは、メディアが人々にわかりやすく伝えなければならないことの一つの例だと私も思います。

（会場から「安全を強調したメディアの責任は？」の問いかけ）

砂川　今回の事態について、メディア自身も認識できていなかったということはお分かりいただけると思います。それはメディアが懺悔すればいいということではなくて、これからどうすればいいのか、という問題だと思います。きょう会場に集まっていただいた皆さんや、パネリストの皆さんも、メディアがこれでいいと思っているわけでないことは確かなことでしょう。

きょうは十分に論点を出すこともかないませんでしたが、こうしたシンポジウムなどを今後も継続して議論していく、ということでご理解頂ければと思います。

どうもありがとうございました。

資料

「原子力PA方策の考え方」

ここに紹介する『原子力ＰＡ方策の考え方』は、科学技術庁の委託を受けて、
日本原子力文化振興財団が1991年３月にまとめたものです。
とりまとめに当たっては「原子力ＰＡ方策委員会」が設置され、報告書には
そこでの三回にわたる検討会の内容が要約される形で記述されています。
そのためか、「互いに矛盾する表現もある。また項目によっては、記述内容に一部
重複もしくはくり返しとみられる表現もありますが、同様意見の強調の意味から、
あえてこのまま記述することにした」との断り書きが冒頭に添えられています。

原子力ＰＡ方策委員会のメンバーは次のとおり（敬称略）

●委員長＝中村政雄（読売新聞社論説委員）

●委員＝田中靖政（学習院大学法学部教授）、赤間紘一（電気事業連合会広報部部長）、
片山洋（三菱重工業広報宣伝部次長）、柴田裕子（三和総合研究所研究開発部主任研究員）

●オブザーバー＝松尾浩道（科学技術庁原子力局原子力調査室）、
村上恭司（同庁原子力局原子力利用推進企画室）

●事務局＝松井正雄（日本原子力文化振興財団事務局長）

※「原子力PA方策の考え方」と「原発推進PR作戦の一読三嘆」は
『放送レポート』146（1997年5月）号所収の再録です。

資料「原子力PA方策の考え方」

科学技術庁委託／日本原子力文化振興財団作成

I　全体論

A．広報の具体的手法

1　対象

①　対象を明確に定めて、対象毎に効果的な手法をとる。

(1)　父親層がオピニオンリーダーとなった時、効果は大きい。父親層を重要ターゲットと位置付ける。子供が立派に育つかどうかには、やはり父親の責任が大きい。母親の常識形成にも影響が大きい。父親は社会の働き手の最大集団であり、彼らに原子力の理解者となっていただくことが、まず、何より必要ではないか。真正面から原子力の必要性、安全性を訴える。

(2)　女性（主婦）層には、訴求点を絞り、信頼ある学者や文化人等が連呼方式で訴える方式をとる。「原子力はいらないが、停電は困る」という虫のいい人たちに、正面から原子力の安全性を説いて聞いてもらうのは難しい。ややオブラートに包んだ話し方なら聞きやすいのではないか。

(3)　不安感の薄い子供向けには、マンガを使うなどして必要性に重点を置いた広報がよい。タレントの顔は人々の注意を引きつける能力はあるが、人気タレントが「原子力は必要だ」、「私は安心しています」といえば、人々が納得すると思うのは甘い。やはり専門家の発言の方が信頼性がある。タレントを使うくらいなら、マンガの方がよい。

タレントさえ使えば、こと足れりとする今の広報のやり方ではだめだ。

②　対象は父親、主婦、子供（教育も含む）、訴える内容は原子力発電所の必要性と安全性、食品の安全性、原子力を中心とした科学的知識の普及などだろう。テレビ広報は、経費の割に効果がうすいのでやめた方がよい。

③　中年男性層がきちんとした知識を持ったら影響力は大きいだろう。どの媒体が最適か、調査の価値はある。原子力の広報を担当してきた歴史の長い代理店・調査担当の人を集めて、費用対効果を一度よく検討する必要がある。その時のターゲットを中年男性に絞ってみてはどうか。

④　対象を一つに絞って、期間を区切って、その期間中頻繁に広告を流す、ということを広告の基本としたらよい。

⑤　今年はこの職業と、ターゲットを決めて一年間地道な広報をやってみる。結果を見て来年のターゲットを決める。

⑥　事実を知らせることが必要である。サラリーマン向けには事故時など関心が高まったときに、簡単な原子炉のしくみなどを、わかりやすい資料にして提供する。次には、その家族向けに作った簡単な資料を父親が家に持って帰るようにする。主婦層は反対派の影響を受け易い、と同時に父親からの影響も受け易い。対象別にやるときは、具体的に「今年の対象はこれだ」と対象を一つに決めてやる。科学技術庁の広報は、医師・教師などの公共的な信頼性のある人々に向けて行うとよい。専門的雑誌は多数あるだろうし、広告料も手頃なのではないか。医療専門誌などターゲットを明確にしたら反応もとらえやすい。派手なものより地道な広報が効果的だと思う。

⑦　極論すれば、対象を特定した広告は、対象外の人には通じなくてもよい。

２　頻度

①　繰り返し繰り返し広報が必要である。新聞記事も、読者は三日すれば忘れる。繰り返し書くことによって、刷り込み効果が出る。いいこと、大事なことほど繰り返す必要がある。

②　短くともよいから頻度を多くして、繰り返し連続した広報を行う。政府が原子力を支持しているという姿勢を国民に見せることは大事だ。信頼感を国民に植え付けることの支えになる。

３　時機（タイミング）

①　タイムリーな広告は効果大。定期的に出ているコラ

ム広告などは、効果は小さい。チェルノブイルや美浜炉事故が起きた時、スウェーデンで原子力発電所廃止を決めた時など、国民の関心が原子力に向いている時期に広告すれば国民は注目する。コラム広告は、関心のない人をひきつける魅力に欠けるのではないか。反対派と積極推進の人は読む必要がない。

② 広報効果の期待できるタイミングを逃さず、時機に応じたタイムリーな広報を行う。事故が発生したときは、国民の関心が高まっている。原子力広報のタイミングは最適である。

③ 時機を得た広告は効果大である。不測の事態に備えて、予想される簡単な解説図を準備したりして対応なども考えておく。

④ 何事もない時の広報は難しい。事故時を広報の好機ととらえ、利用すべきだ。教科書や講演会、講習会は定常的に実施しても見てもらえる、聞いてもらえるが、パンフレットや新聞広報などは何もないときの注目度は低い。積極的に近づきたい、知りたいという気持ちになる対象ではないからだ。事故時はみんなの関心が高まっている。大金を投じてもこのような関心を高めることは不可能だ。事故時は聞いてもらえる、見てもらえる、願ってもないチャンスだ。

⑤ 原子力に興味のない人を振り向かせるには、事故などのインパクトの大きい時機でなければ無理だ。こういう時には、関心が高くなっている。父親を対象とする場合でも、農業、個人経営等の職業別対応も考えなければならない。

⑥ 原子力の広告が読まれるのは事故時とエネルギー危機の時だけだろう。一般紙に出す広告は事故時だけにしたらよい。専門誌への広告は常時出したらよい。

⑦ 事故時の広報は、当該事故についてだけでなく、その周辺に関する情報も流す。この時とばかり、必要性や安全性の情報を流す。美浜2号炉の安全性を確かめるため日本原子力研究所で模擬実験をやったが、あの事故の様子を映像で取り上げるよう働きかけるべきだった。

⑧ 事故が起こったりして一般人が原子力に対して好意的でない時機には、大々的広報は反感をかう。やり方については、十分考慮すべきだ。やはり日頃の草の根的な広報に力を入れるべきだろう。

⑨ 事故後、時間が経つにつれて「実はここが悪かった」式の記事が出るなどは広報上最悪だ。あとで訂正記事が出ても効果が薄いことを見ればわかる。しかし、あとからでも正確な報道をしてもらう必要がある。できれば、最初からほぼ間違いないところを報道してもらうよ

う情報提供すべきだ。科学技術庁が、モンルイ号事件（六フッ化ウランを積んだコンテナ船がベルギー沖で沈んだ事件）の報道に対し、記者クラブを通じて積極的に正しい情報を出し続けたのはよかった。素早く対応したから効果的だった。

⑩　夏でも冬でも電力消費量のピーク時は話題になる。必要性広報の絶好機である。広告のタイミングは事故時だけではない。

４　内容（質）

①　国民の大部分が原子力を危険だと思っているのが現状であるから、広報は〝危険だ〟を前提に置いて、徐々に安全性を説いていく方がよい。

②　訴求点をストレートに出す。ごまかしてはいけない。「隠す」、「ごまかす」という感じを持たれては何もならない。誠意を示す広報であるためには、担当者の姿勢、心構えが重要である。

③　情緒に訴えるやり方は避ける。原子力をイメージとしてとらえてもらうのではなく、事実を知ってもらう。原子力に限らず、長寿ですらプラス面のほか、マイナスもある事実を知り、プラス、マイナスの中から生まれるバランス感覚こそが大事だ。これまで、日本は外国の知識、経験、国家の保護の下に生きてきた。国民にも甘えがあり、真剣なバランス感覚を磨く機会が乏しかった。コメの自由化も同じことで、事実認識の中から正しい判断が生まれる。

④　原子力には、隠されたものというイメージがある。このイメージ払拭のためにも、堂々と正面から訴える。原子力はこそこそ隠れてやるものではない。安全性に自信がないので、腰が引けるのだろうが、現状が人前に出せない状態なら止めるべきだ。そうでないならもっと胸を張って、訴えてほしい。

⑤　一般人が信頼感をもっている人（医者、学者、教師等）からのメッセージを多くする。医者や教師が正しい理解をしているかどうかが問題で、彼らに情報を提供する必要がある。医者の放射線の知識は極めてプアだとき く。しかし、専門家意識だけは持っている。難しいかもしれないが、彼らに正しい理解を求める作戦がいる。

５　考え方（姿勢）

①　原子力が負った悪いイメージを払拭する方法を探りたい。どんな美人にもあらはある。欠点のない人がいないように、世の中のあらゆるもの、現象には長所と短所がある。差し引き長所がどのくらい短所を上回るかが現

実の選択基準になる。不美人でも長所をほめ続ければ、美人になる。原子力はもともと美人なのだから、その美しさ、よさを嫌みなく引き立てる努力がいる。

② 原子力は、腫物に触るような扱いをされているように見える。これまで「原子力は美人だ」と言いすぎた。胸を張りすぎた。反対運動はその反作用でもある。欠点を指摘されて、急に卑屈になった。そこが一般の人から見ると不自然に映る。素直に原子力の長所と短所を言われるようにすることが大事だ。逃げ回るのはいけない。喧嘩の弱い人のやり方だ。

③ 国のPRは民間のPRに比べて、量的に少ないのではないか。原子力の「必要性」、「安全性」は電力会社が主張するより、本来、国が主張すべきことだ。この二つの前提があって、初めて社会的に認知される存在になり得るからである。科学技術庁は原子力のハードを開発すれば、国民は黙ってついてくると思っている。大間違いだ。前提を国民が疑っているというのに。

④ 原子力は一般的に短所ばかり言い立てられている。長所をアピールすべきだ。マスコミも短所ばかりを取り上げる。長所は、まずニュースにならないからだ。そのため、短所ばかりを世間に知られることになる。「ほう、なるほど」と思うような長所を取り上げさせるよう努力すべきだ。原子力開発の初期は長所がニュースだった。その時期が過ぎて、長所は「当然のこと」で、ニュースではなくなった。

⑤ いまのPAは「みんなで考えましょう」で終わっている。もっとダイレクトに「ここが長所だ」とやるべきだ。「みんなで考える」ことは大事だが、考えてもらうには情報を十分に提供する必要がある。長所と短所を提供し、両方を見比べて考えてもらうこと、そのとき、短所も長所もダイレクトに言ってもらいたい。大部分の人々は、本当はよく知らないのだ。

⑥ チェルノブイル事故によって、輸入食品の汚染が言われるようになり主婦層の不安が増大したため、主婦向け広報を行ってきた。主婦は反対派の主張に共感しやすいというところから広報する必要があった。しかし、いまは小康状態にあり、一つの転機に来ているとは思われる。主婦は食品の安全性に関心があるので、チェルノブイル事故に関心を持った。その関心に真正面から応える記事でなければ受けつけてもらえない。イメージ広報がだめなのは当然だ。原子力施設などを見るチャンスは、ないよりはあったほうがよい。

⑦ 広報の対象を決めたら、彼らがどのような雑誌を読んでいるか、調査が必要だろう。一つの対象に集中的に

やったならば何かしらの効果はある。彼らが原子力に対する自信を持った時、それを他人に伝えることで影響力をもつことも期待できる。

⑧　知らないがために不安が大きくなるのだから、基礎的データで知るための事実を提供する。原子力は〝危険〟が前提のエネルギーであるから知ってもらうことが多くあるはずである。

⑨　関心を持たない人に関心を持たせる方法が問題だ。雑誌はかなり専門化している。雑誌に相応した情報選びが必要だ。たとえば、食品関係の雑誌に載せる放射線関連の記事などは適材適所である。具体的な情報を提供するのが大切なのであって、あえて原子力のイメージを和らげる必要はない。それぞれの媒体にあった情報を載せることに意味がある。

広告は、例えば、「日経メディカル」のように提供元を明記してもよいから、内容は責任ある人の署名入りの記事がよい。

⑩　原子力による電力が〝すでに全電力の三分の一も賄っているのなら、もう仕方がない〟と大方は思うだろう。環境、自然食品などエコロジーに関心の強い女性は、地域の消費者センターのような所を頼りにしている。センターには放射線測定の機具等も揃っているようだ。そういったところのオピニオンリーダーを理解者側に取り込めたら、強い味方になる。女性等は必要性よりも安全性に関心があり、学習意欲も十分に持っている。体験学習の場を設けるなど接触したらよい。大部分はグループ活動をしているのでアプローチが容易だ。

消費者センターは機関紙を発行している。〝どうしたら安全に生活できるか〟が機関紙の主なテーマであるから、原子力関連記事なら無料掲載も可能だと思う。

6　手法

①　広報の中心を〝原子力発電所〟に置きすぎる。放射線やその他の分野から理解を深める手法も考える余地がある。放射線や放射能が日常的な存在であることを周知させる必要がある。大腸菌も大量に目の前にあると分かれば不気味だが、少々なら平気と思うのは、日常的存在を感じる習性が身についているからである。

②　安全性や生活との密着性を機会ある毎に直接的に訴えていく。川も海も火山も暴れると恐い。ただし、対策があれば安心できる。安全とは無策で存在するものではなく、努力して作り出すものである。泥遊びをすれば手が汚れるが、洗えばきれいになる。危険や安全は程度問題であることをわれわれはもっと常識化する必要があ

る。

③　利用実態をオープンに知らせる。原子力が日常生活から離れた存在でないことを知れば、「見えない恐怖感」を和らげられるのではないか。

④　原子力広報は、まず〝安全だ〟と打ち出すのではなく、〝核分裂という現象は危険だ、その危険をどう安全に変えているか〟という手法を探る。これまで「安全」を強調しすぎた。だから何か起きると「それみたことか」、「日頃言っていたことと違うじゃないか」ということになる。世の中に危険でないものは無いのに、原子力だけは「安全だ」ということ自体おかしい。危険でも安全に注意して扱えば安全になる。青酸カリでも火でも、何でも同じだ。

⑤　基礎的な知識がないと、ちょっとしたニュースに対しても不安感が募りがちであるから、日頃から系統立てた安全性の説明が必要だ。戦争でも情況判断ができれば、あわてなくてすむと聞く。軽重の判断をするには基礎知識が欠かせない。文科系の人は数字を見るとむやみに有難がる。数字の怖さを知らないからだ。過信して判断を誤ることがある。理科系の人間は数字のいい加減さを知っているので過信はない。有効性についても判断を誤らない。

⑥　関係機関は個々に広報活動をしており、結集した力になっていない。やり方等ある程度統制したら、効果が上がるのではないか。科学技術庁、通商産業省・各電力会社、電気事業連合会等で、それぞれ似たようなパンフレットを作っている。その金を集めて、効果的に作ってはどうなのか。個々に作った方がいいものもあるだろうが、共通の方がいいものもあるように思う。

⑦　「一方的に話す」広報には限度がある。多数を集めて講演会をするよりは、小人数のディスカッションで参加者が自由に発言できる場を設けたほうが、理解促進につながるだろう。よい語り手も育つ。広報の相手が不特定多数であるほど効果は拡散する。講演会もよほどうまく話さないと多人数では効果が薄い。つまり、人の話を聞いただけでは、いまいち納得できないところを、突っ込んで聞けないから消化不良になる。質問をし、人の質問も聞き、「なるほど」と納得してもらうと原子力について自信のようなものを植えつけることができるだろう。特に、原子力について敵意をもつような人にはディスカッションが好ましい。納得した人が増えれば、口コミで「原子力はやはりやらねばならない」ということが広まるのではあるまいか。

⑧　原子力広報は、何を、どこまで知ってもらうことが

目的なのか。単に拒絶反応を払拭するのが目的か。関心のない人にも関心を持たせようというのか。どんな人に、何を、どこまで、という前提が明確にあって、初めて広報手法が決まってくると思う。

⑨　主婦から拒絶反応を拭うには、やはり食品が切り口だろう。食品照射についての理解を深めようとするなら、食品そのものへアプローチするのが効果的だ。主婦の場合、自分の周りに原子力発電所がなければ、原子力発電を他人事としか受け取っていない。したがって、情報に対する興味が初めからない。興味がない人に注意を喚起する必要があるのか。

⑩　父親に訴えるべきことは何か。事故時は心配のないことを伝えればよいが、平常時には必要性と安全性だろう。広告は文字が多くいろいろな情報を盛るよりも、グラフや表などで情報を出す方がよい。例えば、食品に含まれる放射性物質の量を表に示すなど、事実情報を簡潔に提供するのが効果的だ。

⑪　消費生活アドバイザーの国家試験問題に、原子力を取り入れたらどうか。

⑫　ニュースはできるだけ〝作る〟ことを考えるのがよい。「食品を調べてみたら放射性物質の量は○○だった」といったように。

7　その他

（学校教育）

①　教育課程における原子力・エネルギー問題の取り上げ方を検討する。教科書（例えば中学の理科）に原子力のことがスペースは小さいが取り上げてある。この記述を注意深く読むと、原子力発電や放射線は危険であり、できることなら存在してもらいたくないといった感じが表れている。書き手が自信がなく腰の引けた状態で書いている。これではだめだ。厳しくチェックし、文部省の検定に反映させるべきである。さらに、その存在意義をもっと高く評価してもらえるように働きかけるべきだ。

②　教師が対象の場合、大事なのは教科書に取り上げることだ。文部省に働きかけて原子力を含むエネルギー情報を教科書に入れてもらうことだ。高校で家庭科が必修科目になったことでもあるし、今がチャンスだ。

（原子力の日）

③　「原子力の日」記念のイベント開催、といった広告はやめたらよい。まず、ポスターを貼る場所が問題だ。関係者のところにしか貼れない、これでは意味がない。「原子力の日」だといわれても感激はない。まして、過去にあった男女で抱き合うようなポスターを見せられ

て、原子力に親近感が持てるわけがない。原子力に明るいイメージを持たせるためには事故を起こさないことだ。原子力がなければどんなことになるか、例をあげて説明するのがよい。

④　国民の大半は〝原子力はいやだがやむを得ない、でも事実を知りたい〟という意識を持つ。この層の不安に答えていく。「わずかな放射線でも危険だ」というように思わせる記述がある。では自然界の紫外線や、土の中の放射能による放射線はどのように考えるのか。胸のエックス線検査はどうなるのか。どこまで危険なのか。なぜ未解明な部分が残るのか。事実をよく知らせる努力がほしい。「原子力の日」のＰＡは正確な知識の普及の機会にしてほしい。

⑤　景品等は実用性のある魅力あるものにする。知恵をしぼってもらいたい。景品を付けても、その人は景品に興味があるのに過ぎなく、記事の内容に興味はない。

⑥　対象別になにを訴えるか、目的をはっきりさせないとだめだ。テレビの何々ショウといった番組で影響力の強い人がしゃべったのを聞いて、賛成になったり反対になったりする主婦もいる。男性の場合は、事実をはっきり知ってから賛否を決めるだろう。今後は、何を伝えるかをはっきりさせないとだめだ。科学技術庁のスタンスをどこに置くのか。それがはっきりしたところで広報手法が決まってくるだろう。

（見学）

⑦　施設見学での多少危険な経験は、印象的で理解促進に役立った、という意見を聞いたことがある。英国でも炉心の真上に見学者を立たせるように見学コースを改めた。「皆さんの足元に炉心がある」という説明が却って安全性の信頼を深めたという。ベリホフ氏（ソ連アカデミー副総裁）は見学者に白衣を着させることの是非にまで立ち帰って検討するといっていた。

（事故対応）

⑧　事故に関する説明は、もっと分かり易く、テレビも新聞も分かり易く報道する。政府が正確さを重視して難しく書いて発表しても、報道の段階で間違って翻訳されたのでは何もならない。だいたい日本の専門家は難しすぎる。本人がよくわかっていないからではないか。それならもっと勉強すべきだ。

（広告）

⑨　国民の反対が出るくらいの、アピール度の高い、強烈な広告を出したらよい。当たりさわりのない広告はやめること。

⑩　国民を一つの対象として広報効果を上げるのは難し

い。対象別に対応すべきだ。誰にも好かれようとして、誰にも関心を持たれない広告をする結果になってはいないだろうか。

⑪　漠然とした情報の垂れ流し的広報は無意味だ。広告を業者に発注するときの国の姿勢に問題がある。「何かアイディアを出せ」という言いかたで代理店に迫るだけではだめだ。「国民にこの際何を訴えるのか」、「この際何を主張すべきか」、国のスタンスを示すことが重要だ。国に方針がなく、業者に漠然と発注するから、垂れ流し広報になる。

⑫　イメージ広告はやめて、情報をきちんとダイレクトに出す。ムードで、原子力は必要だという気持ちにさせることができるだろうか。原子力は化粧品の広告と同じ調子でやるべきではない。「事故を起こすかもしれない」という不安、「原子力をやらなくてもエネルギーは不足しない」という充足感に具体的に訴える必要がある。

⑬　いま広告は〝知識が得になる〟という形を考えるのがよい。情報は多くを盛り込むことはない。話題となり得る客観性のある情報、また、役立つデータなど、一点あればよい。

言葉が多いと読んでもらえない。情報量は限定される方がよい。

⑭　ＱＡ方式ならば、Ｑは1問だけにして、すっきりしたものにする。「それだけでは不十分じゃないか」、「もっと出せ」と読み手が不満を感じたら成功ではないだろうか。もっと情報をほしがる気持ちにさせたのだし、関心を持って読んでもらえたのであるから、そういう作り方もある。

⑮　定番手法にこだわらず、自由な形で一般人に議論を投げかけるような内容もよい。ただし、うんと核心を突いたものでなければならない。ごく平凡な人が、率直に持つ疑問がよい。なまはんかなインテリ面で考えたものではだめ。

女性科学者の日常を紹介した広告などはたいして意味がない。

⑯　必要性を訴える場合、主婦層に対しては現在の生活レベル維持の可否が切り口となろう。サラリーマン層には〝1／3は原子力〟、これを訴えるのが最適と思う。電力会社や関連機関の広告に、必ず〝1／3は原子力〟を入れる。小さくともどこかに入れる。いやでも頭に残っていく。広告のポイントはそれだと思う。

（反対派）

⑰　反対派の広報のうまさは、皆が知りたいと思ってい

る点を広報していることだ。見習うところが多い。一から一〇まで説明しようとすると、くどくなる。反対派は、一点に狙いを定めて攻めたてるから楽だともいえるが、一般の人々の気持、生活スタンスに立って訴えている。この点は見習うべきだ。日本原子力産業会議の調査でも、推進側より反対派の説明の方が説得力があると答える人が多い。

B. PAのPRについて

1 国の役割

① 原子力広報に対する国民の目には〝国はもっと推進活動をすべし〟と〝国の積極的推進活動は信頼感を弱める〟の二つがある。配慮を要する。原子力発電は、国家的事業として推進している国の重要施策であって、電力会社が勝手にやっていることではない、という姿勢を常に見せておく必要がある。その反面、安全でないのに安全性を強調し、不安感を不当に抑えつけている。「欠陥を隠す」、「業界をかばう」という姿勢を見せると逆効果になる。

② 国の積極的姿勢をアピールするのはよいことだ。原子力が日本にとって、地球にとって必要であることは、あらゆる機会をとらえて強調する必要がある。

③ 国が積極的に取り組む姿は大いにアピールすべきだ。国が本気でなく、腰が引けているという印象を国民に与えてはならない。やはり、国が支持していることが、原子力に対する信頼感の基盤になる。

④ 必要性の広報は通商産業省がやるべきことか、科学技術庁はやらなくともよいのか。通商産業省は立地広報、科学技術庁は全国広報なので両者でやらなければならない。ちなみに事故の報告は通商産業省の仕事である。

⑤ 緊急時の広報は通商産業省の仕事であるということだから、科学技術庁は平常時の広報だけでよいわけだが、そうなると必要性の広報にも力を入れねばならない。

2 科学技術庁長官

① 当面は、山東科学技術庁長官（当時＝編集部注）に大いに活躍願う。この知名度の高い大臣のキャラクターを生かすこと。同長官は他の政治家にはない大きなプラス面がある。

② 同じことを話しても、山東長官は聞かせる。人を引きつける力がある。広告に顔を載せるだけなら、並のタ

レントと同じ効果しかない。ニュースを作って、そこで新聞やテレビの側から取材させる機会をつくるべきだ。効果的広報をいうなら、山東長官にテレビに出てもらうのが手取り早い方法だ。イベントも新聞やテレビがニュースとして取り上げるようなものなら、大いに結構だ。

３　ポスター・広告

① 原子力広報を担当させられる業者は「広報ポスターは意味がない」という。関係者のところにしか貼って貰えないようでは、仲間うちのなぐさめあいではないかという批判がある。だが、それでも、原子力事業者にはポスターは力強い呼びかけとうつる。そのくらい心細い思いで原子力の御輿はかつがれている。もっと心強い関係者への励ましとしてのポスターを作ったらどうか。無理に反原発や無関心の人の気を引くことはない。

② ムード的ポスターは無意味である。原子力に明るいイメージを持たせるには、事故を起こさないことだ。いくらごまかそうとしても放射能があることは誰も知っている。原子力がなければどんなことになるのか、例をあげて必要性を強調するのはよい。

③ ポスターもＰＡの一環として位置付けて作成し、全国の学校、ＪＲ・地下鉄、展示館や博物館、プラントメーカー、電力会社などに配布すること、特に学校と駅は効果が期待できる。

④ ポスターを貼ってくれそうな相手を選んで送らなければだめだ。ポスターよりも車内中吊り広告の方が効果的だろうが、場所取りや経費が大変かかるであろう。

⑤ 車内ステッカーも注目率がよいが、場所取りの競争が激しくてなかなか難しい。

⑥ 広告は情報を一つだけに絞れば読んでもらえる。

⑦ 中吊り広告は効果あると思う。入試問題を広告にした中吊りを見たことがあるが、あれは効果的だと思った。ただし、そこで何をやるかが問題だ。原子力の基礎的な知識や、環境における原子力の優位性をクイズにするなど、工夫したら効果のあるものになろう。

⑧ 新聞の折り込み広告はどうか。印刷、紙代は別で一枚一円程度だろう。折り込み広告は効果的かもしれない。

⑨ 父親に訴えるべきは何か。事故時は心配のないことを伝えればよいが、平常時は必要性と安全性だろう。広告は文字が多くいろいろな情報を盛るよりも、グラフや表などで情報を出す方がよい。例えば、食品中に含まれる放射性物質の量を表に示すなど、事実情報を簡潔に提供するのが効果的だ。

4　イベント

①　イベントの多い現在、「原子力の日」そのものの広報は意味がない。「原子力の日」と聞いても、原子力に対する理解を深めようという気分にならない。言葉に強い響きがないからだ。しかし、なくしてしまえば、原子力の存在を国民に訴えるチャンスが一つ減ることになるので、あった方がいい。ただし、工夫してほしい。

②　テレビ局が取り上げざるを得ないような、インパクトの強いイベントなら効果がある。イベントは人の関心を引くことが大事だ。賛否を問わず、仲間うちだけで見るのではなく、ニュース性を持たせる必要がある。

③　反対派からまともな学者が出てくるのであれば、政府主催の討論会も意味がある。議論をして負けると分かっている討論には、反対者も賛成者も出演するのは嫌だろう。どちらにとってもその立場を発言することができ、聞いている人も面白いように企画できれば、大いにやるべきだ。

④　放射線測定講座はすでにやっているが、あまり知られていない。ここでも「PAのPR」の必要性を実感せざるを得ない。

5　その他

（ラジオ・テレビ）

①　記事にするにはどうしたらよいのか、新聞記者も交えて検討したらよい。ダイレクトメールは毎月送らなければ効果は薄い。

NHKは政府広報をやっているのだから、原子力広報も流してくれるのではないか。

ラジオはどうか。テレビほどの経費はかからないし、聴取者も多いと思う。

（講師派遣）

②　一般市民を対象とした草の根の広報として講師派遣の事業を実施している。

この事業は日本原子力研究所、動力炉・核燃料開発事業団を中心にかなり実績を上げていると聞く。どの点がよかったのか一年に一度くらい分析してみてはどうか。

（一日科学技術庁）

③　新聞に科学技術庁の名前が出る回数は少ない。科学技術庁の情報発信が少ないので存在感が薄い。国内の全都道府県で、ソフトで楽しい「一日科学技術庁」を実施し、日本の科学技術レベルを内外情報を交えて伝える。地元マスメディアは必ずや報道するものと思われ、効果が期待できるのではないか。

（反対派）

④　反対派リーダーと何らかの形でつながりをもったらどうか（討論会の開催など）。反対派とまじめな討論会が開かれるならば、当局は反対派の気持も汲んで原子力利用をしていこうとしていることを国民に示すチャンスになる。メディアも取り上げるだろう。反対派が応じないので、本当に困っているなら、呼び掛けをメディアを通じて行えばよい。呼び掛け自体が記事になる。

（学校教育）

⑤　学校は重要な組織であると心得て、学校教師には科学技術庁からダイレクトメールを直送したらどうか。読まれる率も高いし、国の積極的姿勢も同時に示すことができる。

（見学）

⑥　原子力発電所を見学しても何も分からなかった、という人が多い。放射線測定器を持って実際に測定しながら見学ができたら理解につながると思う。

（地方誌）

⑦　全国の自治体に当たってみたら、原子力広報を掲載してくれる自治体があるかもしれない。新聞の地方支局も当たってみるとよいだろう。雑誌もよかろう。

⑧　ミニコミ誌などは可能性がある。

⑨　積極的姿勢を見せることに意味がある。

（基本事項）

⑩　基本的には、⑴政府は頼りになる、⑵人格的に尊敬される、⑶正直、誠実で、トラブルがあった時、一所懸命に説明する、⑷情報の透明度が高い、⑸現場を役人がよく知っている、ことが大事だ。

C．一貫性のある広報をめざしたキーワード（略）

D．広報実施機関としての国の望ましい姿、改善点（略）

E．放射線利用についての広報（略）

Ⅱ　マスメディア広報

A．総論

（ロビーの設置）

①　原子力に好意的な文化人を常に抱えていて、何かの

時にコメンテーターとしてマスコミに推薦出来るようにしておく（ロビーの設置）。新聞、テレビ、雑誌には、各分野でのコメントを求める専門家リストがある。原子力では反対派の人が多い。高木仁三郎氏は最も有名なコメンテーターだ。マスコミに彼の名前が載るたびに有名になる。役所が名簿を用意して「この人を使いなさい」と推薦するのも妙だ。コメンテーターにふさわしい人の名をマスコミが自然に覚えるよう、日ごろから工夫する必要がある。

② 数名からなるロビーをつくり、コメンテーターの養成に努める。役所でレクをするときに、意識的に良識的コメンテーターの名前やそのコメントを出す。時には、その人を呼んでくるなどの対応が必要である。

③ ロビーづくりは無理にしなくとも、記者クラブや論説委員との懇談会を利用したらよい。常設せずとも、必要があれば主婦連の人を集めて意見を聞くなど、臨機応変に対応したらよい。役所の広報誌に、常時、伝えたいことを掲載すれば読んでくれる可能性はある。

（スポークスマン）

④ スポークスマン（役人を含む）を養成する。内閣官房長官と外務省報道官を除くと、役所にはスポークスマンがいない。いいスポークスマンは役所のプラスイメージになる。新聞記者が積極的に彼の意見を求め、記事の中に引用するようになる。そうすると、スポークスマンの考え方が新聞記者間に浸透するようになる。一種のマスコミ操作法だが、合法的世論操作だ。スポークスマンの知識と人格が記者に感銘を与えるだろう。

⑤ ちなみに、役人はスポークスマンとして信頼されるためにも、なるべく部署を変わらない方がよい。科学技術庁はＰＡを全く重視していない。江戸時代から戦前の日本みたいに、「知らしむべからず、依らしむべし」のやり方で、全くアナクロだ。そのくせ「マスコミはろくなことを書かない」とぼやいている。今は専門家や権威筋が判断すれば、黙って大衆が従う時代ではない。科学技術庁の原子力に関する世論調査にもあるように、「原子力発電を専門家だけに任せておけない」と思う人の方が「任せておけば安心」だと思う人を三倍も上回る時代なのである。技官の多い科学技術庁は、専門家の権威に頼りすぎるから、大衆の心がつかめない。広報、スポークスマンの重要性を認識していない。

（広告）

⑥ 事故などの場合、マスコミに情報提供してもニュースとして面白くない部分は記事にならないことが多い。であるなら、その記事にならなかったものを広告として

出したらよい。「記事には取り上げてもらえなかったが、これが一番重要なことである。なぜこんな重要なことが記事にならないのでしょうね」といったコメントを添えるといい。

B．マスメディアの活用

1　活字メディア

①　パブリシティ広報がベストである。いかにＰＡ臭を無くするかがポイント。素材の提供をして、あとの料理の仕方は委せること。「正しい知識」の押し売りはだめ。専門家が正しい知識の理解を求めても、大衆に「聞きたくない」といわれたら、それまでだ。停電は困るが、原子力はいやだ、という虫のいいことをいっているのが、大衆であることを忘れないように。

②　反対派が出す書物に対して推進派の手に成る書物は絶対量が少ない。その実態は、図書館の棚にもそのまま出ている。採算度外視の覚悟で出版数を増やすのはどうか。残念ながら、巧みな語り口で、面白く原子力推進を主張する本がない。正面切った原子力の推進派の教科書も少ない。推進派の本は誰も買わないが、反対派の本なら推進派が買うので、反対の本の方が売れるという一面もある。

③　関係者の原子力施設見学会はどうか。原子力関係者の家族は是非原子力発電所を見ておく必要がある。家族が見て不安を感じたら、その不安は大切なＰＡのヒントだ。家族を納得させ得ないようなＰＡでは、一般の人々に訴える力も弱い。ワイフこそ最良の協力者である。ワイフが理解すれば、どこかの井戸端会議でも影響力を発揮するだろう。

④　初めから「安全だ」といわず「危険だ」と表現し、読む気を起こさせる。そして、徐々に「だから安全なのだ」という方向にもっていく。その方が信用してもらえる。誰が考えても、原子力は危険なものだ。だから、安全装置が何重にもついている。モニターもしっかりやる。対策さえ十分なら安全に取り扱えるのではないか。

⑤　書物は、行間を広く、漢字を少なく、写真やイラスト類を多くするなど、読み易い本作りを心がける。相手は読みたがっていない。無理に知る必要はないと思っている。初期の原子力開発時代には、原子力を知っていることがナウいのであったが、今は違う。だから工夫がいる。

⑥　分かり易さではマンガが第一だ。正確さを損ないがちな点には十分留意した上でマンガを活用したらよい。ストーリーの面白さがいる。「美味しんぼ」というシリ

ーズマンガはストーリーもあるし、料理の中身についてもよく解説している。あの手口に学びたい。

⑦ 推進派の書物はなぜ少ないのか、分析する必要がある。また、面白く読まれるものにするための工夫をする。専門度の高い人と、筆の立つ人とを組み合わせるとか、専門家にしゃべってもらっていい直すとか、工夫の仕方はいろいろある。原子力を正面から見るだけでなく、後ろや横から、また上から見て、書く。

(1) マンガ形式で読み易くするのも一つの方法だ。

(2) 一から一〇まで、〝原子力はよい〟という内容ではだめだ。「原子力は危ない」、「当局は何か隠している」と思っている人がたくさんいるから。

(3) あまりまともに原子力を取り上げない方が読まれる。読ませたい人の意見を聞いてみてはどうか。全く読みたくないのか。どう書けば読んでもらえるのか。論説委員や評論家に聞くだけではだめだ。

⑧ 形式だけマンガにしても内容がよくなければだめだ。「美味しん坊」は内容がよいから読まれている。推理小説の手法で、原子力を盛り込んで書いたら読み応えのあるものができると思う。推進派の人間は、手軽に本を書き過ぎる。手軽に書いた本が面白いはずがない。大学教授の書いたものをそのまま本にする。これもだめだ。図書館に本を無料で送ったら置いてもらえるのではないか。教科書的な本は当然に必要である。マンガチックなものや読み物風なものばかりではいけない。

2 映像メディア

① 担当者もよく内容を理解しないまま、適当に「いいものを作ろう」と長年の間マンネリでやっている。癒着排除のため、毎年業者を変えて工夫をすることが必要だ。予算を消化するだけのようなPAをやっても意味がない。結局は〝美人獲得競争〟でタレントのいいのをつかまえた業者が手柄になるような映像メディアの利用はナンセンスだ。マンネリの三〇分映像より、テレビスポットを同じ料金で頻繁に流す方がPA活動としてはましである。

② テレビで討論会、対談、講座等を行う（政府提供では視聴率が悪いので工夫を要する）。まじめでおもしろい番組なら人はついてくる。原子力を、政治、国際情勢など時局に結びつけてやる方がよい。企画の善し悪しと同時にタイミングがある。

③ クイズ番組に科学技術庁関連の問題を提出し、その中にエネルギー・原子力等を盛り込む。例えば、福井テレビの「もんじゅでクイズ」のように。

④　既存の番組にうまく原子力に関する話題を取り入れて、半年〜一年と継続する。
⑤　単発ドラマを製作・放映する。原子力は〝事故〟で映画の対象になるが、もっとプラスイメージでドラマの中に入れる工夫をする。
⑥　あるドラマの中に、抵抗の少ない形で原子力を織り込んでいく。原子力関連企業で働く人間が登場するといったものでもよい。原子力をハイテクの一つとして、技術問題として取り上げてはどうか。テレビでエレクトロニクスは技術紹介番組としてよく取り上げられる。なぜ、原子力は取り上げられないのだろうか。そこでは懸命に取り組み、汗を流している人もいる。これらの映像化の検討を考える。
⑦　ドキュメンタリー的番組を製作・放映する。ＮＨＫが時々やるが、ＮＨＫのは批判色が強かったり、くせがありすぎる。もっと、フェアに素直に作れないか。民放の方がよいのではないか。ＴＭＩのニュース報道では、ＮＨＫが飛び抜けて間違いが多く、誇張が目立っていた。
⑧　アニメマンガ番組を製作・放映する。テレビでのアニメのアイデアが不足している。子供に対する教育効果は大きい。
⑨　いまのようにニュース番組の視聴率がよい時代には、国会議員や役人がテレビ出演するチャンスも多いはず、その機会を大いに利用する。テレビ局に積極的にアプローチして、自らニュース番組への出番を作る努力をする。科学技術庁記者クラブのテレビ各社の記者と話し合ってみる機会をつくりその検討をしてみる。
⑩　事故に対して関係者がどのように対応したか、といったようなドキュメンタリー番組を製作・放映する。事故を側面から見つめる番組である。
⑪　草の根広報の一環として、山東長官が女性との対話集会を持つなど、ニュースとして取り上げられるような企画を考える。
⑫　テレビスポットを数多く流す。何を訴えるかが大事。どうしても頭の中に叩き込んで、覚えてもらいたいことを訴える。
⑬　ＰＲ臭の少ないパブリシティ広報を心がける。政府の広報だから、ＰＲ臭は抑えてほしい。
⑭　何かの時には、原子力に好意的な文化人をコメンテーターとして推薦できるようにしておく。新聞、テレビがこの人のコメントを載せてほしいと思う人をリストアップし、その名前が自然にしみこむように、日頃の仕事の中で心がけていくことが大切である。

C. マスコミ関係者に対する広報

① 広報担当官（者）は、マスコミ関係者との個人的なつながりを深める努力が必要ではないか。接触をして、いろんな情報をさりげなく注入することが大事だ。マスコミ関係者は原子力の情報に疎い。まじめで硬い情報をどんどん送りつけるとよい。接触とは会って一緒に食事をしたりすることばかりではない。

② 関係者の原子力施設見学会を行う。見ると親しみがわく。理解も深まる。特に、テレビや新聞の内勤者の人たちにみせるのが効果が高い。彼らは現物を知らないので、観念的批判者になってしまっている。

③ 五～六人からなるロビーを作り、常に交流を図るのも一つの方法である。

④ テレビディレクターなど製作現場の人間とのロビー作りを考える（テレビ局を特定してもよい）。特定のテレビ局をシンパにするだけでも大きい意味がある。テレビ局と科学技術庁の結びつきは弱い。テレビディレクターに少し知恵を注入する必要がある。

⑤ 人気キャスターをターゲットにした広報を考える。事件のない時でも、時折会合を持ち、原子力について話し合い、情報提供をする。例えば、有名な人に三〇分くらい話してもらい、質疑応答する。役所が情報提供する形式は面白くない（この場合の面白くないは、本当に面白くないの意味）。何かことが起きて原子力がターゲットとなったときに、人気キャスターを集めて理解を求めることが出来るなら、これが最も効果的で、いい方法である。うまくやれば可能だ。それを重視させ得る知恵者を日頃からつかんでおく必要がある。

⑥ 広報担当官は、マスコミ関係者と個人的つながりを深めておく。人間だから、つながりが深くなれば、当然、ある程度配慮し合うようになる。

⑦ 日頃から、役立つ情報をできるだけ早く、かつまた、積極的に提供しておく。それが信頼関係を築く。記者にとってはありがたい存在になる。

⑧ 記者のポストが変わっても、情報の提供を継続していく。別の部局に移っても、情報資料を郵送する。ポストは二年くらいで変わるから、ずっと対象を広げていけば、強力な支援ネットを築くことになる。目先の人間だけを相手にする広報では底が浅くなってしまう。

⑨ 事実を伝え、その事実をマスメディアを通じて正確に流してもらうのが大前提である。平生から、特に社会部の記者とのつながりを深めておくことが大切である。

⑩ 役所の発行した資料でよいから、報道機関のデスク

からＯＢに至るまで、常時送り続けることが、つながりを深めることになる。科学技術庁は、ニュースレターも何も送ってこない。これでは忘れられてしまう。

ニュースになるか否かはともかく、資料は送る方がよい。新聞記者の原子力メーカー見学会などもよいのではないか。悪い噂が流れた時や事故時のマスコミ対応が非常に大事だ。新聞記者を避けるのは一番悪い。逆境の時こそマスコミにアプローチすべきチャンスでもある。

Ⅲ　むすび

美浜発電所2号機事故のレクチャー

原子炉事故のような事件が発生した際、その事故の概要、背景について親切な解説を新聞記者に対して行うことは、大変有益である。是非実行してほしい。その好例が、美浜2号炉事故の際、石川迪夫氏（当時、日本原子力研究所、現在、北海道大学工学部教授）によってなされたレクチャーである。

午後6時頃から富国生命ビルの日本原子力発電所の一室で始まったレクは午前零時頃まで続いたようだ。石川氏の説明は、親切でわかり易かった。記者連中はよそでは恥ずかしくて聞けないような平易なことまで気安く聞くことができた。どんな質問にも石川氏は丁寧に答えた。

このレクを機に、記者連中の書く記事は変わったように思う。内容が正確になり、うがちすぎの意地悪な推測記事が減った。

このレクは日本原子力研究所が企画したものではないかと思うが、今までなかった企画だ。何より石川氏という適材を生かしたことにある。原子力界には常時、このような人を一～二人用意しておく必要がある。大学か日本原子力研究所のような中立機関であることが好ましい。こういう人材は非常に少ない。石川氏は「声がかかれば何時でも出動します」といっている。

事件が発生したとき、新聞記者に噛みくだいた情報の提供が何故必要か。チェルノブイル原発事故発生直後、フランスの世論の原子力支持率が急降下した背景をフランスで調査した経験からそう判断できる。

事故の後の世論調査で、93％の人々が「事情を知らされていない」、79％が「事実を知らされていない」と答え原子力の支持率を大きく下げた。

調査してみると、政府も電力公社も情報を隠したわけではなかった。情報は提供していたが、ジャーナリストがそれを使いこなせなかった。技術的過ぎる説明で理解しにくく、興味を示さなかった。そのため、結果的に情報が提供されなかったことと同じになった。

原子力に関する情報を一般大衆に対し、よりガラス張りにし、情報の質を高め、国民にわかり易い情報を提供するため、フランス原子力情報安全会議を新設したり、ミニテル利用のオンライン情報網を設けたが、事故後の情報提供の不十分さが国民の不信を招いたことを深く反省していた。

「原発推進ＰＲ作戦」の一読三嘆
大新聞の論説委員らがまとめた

小泉哲郎

八割が「原子力に不安」

「原子力を恐れる者は、火を恐れる野獣のごとし」

これはある原子力界の重鎮の言葉である。

「人々が原子力に不安を抱くのは、『理解』が足りないからである。『理解』すれば必ず原子力に賛成してくれる」というのが、原子力ＰＡの基本的な考え方だ。彼らにとっては、「理解」イコール「賛成」なのである。「国民の理解を得て」とか「地元のみなさまの理解の上に」といった言葉が出てきたら、注意しなければならない。

人々に「理解」させるためには、あらゆるメディアが動員される。その舞台裏を明かしたのが、日本原子力文化振興財団が作成した『原子力ＰＡ方策の考え方』（以下『報告』）で、これほど露骨に文書で原発推進策が語られたのは、恐らく初めてだろう。ＰＡとは「パブリック・アクセプタンス」つまり「人々が受け入れる」という意味である。

私は、原子力に対する人々の不安は人間の本性に根差していると思う。原子力発電に先行して開発された核兵器は、一瞬にして幾十万もの人々を消滅させてしまう。原子力開発が核開発と表裏一体であることは、すでに幾多の論証がある。

また、目に見えぬ放射能の恐ろしさは、スリーマイル、チェルノブイリをはじめ、世界各地の原子力関連施設の事故で、すでに経験済みである。ＰＡと称して、政府や電力業界が「絶対安全」を強調すればするほど、人々は原発がいかに危険かを「理解」する。

ちなみに総理府が数年ごとに行う「原子力に関する世論調査」では、毎回、八割前後の人々が「原子力に何らかの不安を抱いている」と答えている。この不安は、Ｃ

MやPRでぬぐい去れるものではなく、事実、湯水のような原発推進キャンペーンにもかかわらず、この数字はほとんど変わっていない。

論説委員は電力中央研へ

ところで『報告』をまとめた日本原子力文化振興財団は、原発推進キャンペーンの総本山だ。電力会社や関連メーカーでつくる日本原子力産業会議のPR部門が1968年に分離・独立して設立された。

そもそも「原子力文化」とは何か。「原子力」にいかなる「文化」があるのか。否、「原子力」は「文化の破壊」の上でしか成りたたないのではないか。実に不思議な名前を冠した財団だ。

彼らの仕事は、メディアを使った原発PRだけではない。原発に反対する住民や学者などの個人情報を探るスパイもどきの組織でもある。88年には職員が市民を装って集会にまぎれ込み、収集した個人情報を自民党に流して問題となった。

一方、『報告』をまとめた財団の「原子力PA方策委員会」の委員長は、著名な原発推進記者、中村政雄氏である。当時の役職は「読売新聞論説委員」だ。社論を担う現役の論説委員が、政府や電力会社のお先棒をかつ いでマスコミ対策を伝授するという姿勢に、同業者として深く失望した。聞くところによると、政府や電力会社の幹部が、マスコミ対策について原発推進記者の御高説を拝聴する機会は、かなりの回数にのぼるという。

その同じ中村氏が、読売新聞退職後、電力中央研究所の顧問に再就職したと聞いて、また驚いた。

中村氏ばかりではない。原発担当記者が退職後、原子力関係の企業や団体に再就職する例は少なくない。毎日新聞の著名な原発推進記者I氏は電力新報社へ、また日経新聞のS氏は動燃＝動力炉・核燃料開発事業団に〝天下った〟。当の原子力文化振興財団にもかなりの数の記者が再就職したと聞く。まさに一読三嘆、原発記者は退職後まで、丸抱えなのである。

「公平」「公正」「バランス感覚」「節度」といった記者の倫理は、こと原発に関する限り、地に堕ちたと言える。

原発事故は「広報」の好機？

さて『報告』の内容だが、一貫して市民は「無知」であり、PRによって「理解」を得られるという前提で話が進められている。そして「理解」を得るためならば「合法的世論操作」も辞さないという。

一方、記者は「原子力に疎く」、正しい知識を「注入」してやらねばならない存在として描かれている。

私はこの「傲慢さ」が原子力開発の本質だと思う。傲慢である限り、人々は決して「理解」しない。原子力がソフト・ファシズムと呼ばれるゆえんである。

もし推進側が本当に必要性や安全性を訴えたいのならば、まず第一に「情報公開」を進めるべきである。「情報公開」なくして、真の議論も理解もあり得ない。ところが『報告』はこれに全く触れていない。

また、「原子力はいらないが、停電は困る」という人々を「虫のいい人たち」と呼んでいるが、なぜ人々が「原発はいらない」と考えているのか、その心情を推し量ろうともしない。

情報公開はせず、コンセンサスは求めず、自分たちに都合のいい情報を「刷り込ん」だり、「注入」しようとする彼らこそ「虫のいい人たち」なのだ。

「虫のよさ」を示す病的な言葉をいくつか、取りあげてみよう。

「繰り返し繰り返し広報が必要である。新聞記事も、読者は三日すれば忘れる。繰り返し書くことによって刷り込み効果がでる」（傍点筆者）

「嘘も一〇〇回唱えれば本当になる」とうそぶいたのはヒットラーだが、まさに同じ発想が見て取れる。彼らが求めているのは、「理解」ではなく情報の「刷り込み」なのである。

「事故時を広報の好機ととらえ、利用すべきだ。……。事故時は聞いてもらえる、見てもらえる、願ってもないチャンスだ」

聞いてもらい、見てもらえるなら事故さえも「利用」するという、この感覚を誰が「理解」できるだろうか。

まだまだある。

「父親層がオピニオンリーダーとなった時、効果は大きい。父親層を重要ターゲットと位置付ける」

「女性層には訴求点を絞り、信頼ある学者や文化人等が連呼方式で訴える方式を取る」

「オピニオンリーダーを理解者側に取り込めたら強い味方になる」

「教科書に原子力のことがスペースは小さいが取り上げてある。この記述を注意深く読むと、原子力発電や放射線は危険であり、できることなら存在してもらいたくないといった感じが表れている。……これではだめだ。厳しくチェックし、文部省の検定に反映させるべきであ

る」（傍点筆者）

何と勇ましい言葉遣いだが、これで本当に「理解」が得られると思っているところが不思議である。私には彼らの頭の構造が「理解」できない。

「ここだけの話」さりげなく

最も問題なのはマスコミ対策のくだりである。

「記者会見にしても情報提供にしても、戦略を持ってマスコミを利用するくらいの努力をすべきである」

「何かのときには記者クラブの記者を利用するくらいであってほしい」（傍点筆者）

彼らにとって記者は「利用」すべき存在でしかない。「何かのとき」には、記者クラブさえ抱き込んでしまえば、情報の出口を押さえることができるのである。

「いいスポークスマンは役所のプラスイメージになる。新聞記者が積極的に彼の意見を求め、記事の中に引用するようになる。そうすると、スポークスマンの考え方が新聞記者間に浸透するようになる。一種のマスコミ操作法だが、合法的世論操作だ」（傍点筆者）

こうした「世論操作」が報道を誤らせ、結果として国民に正しい情報を伝えられなかった例は枚挙にいとまがない。

私自身が鮮明に記憶している例をひとつだけ挙げる。

1986年5月、チェルノブイリ原発の事故直後、他でもない、日本原子力文化振興財団は、ある研究者を呼んで講演会をセットした。情報量が極めて限られていたことから、会場は多数の記者で埋まり、質問は長時間に及んだ。

最後にこの研究者は、「実はここだけの話ですが」と切り出した。

「私がIAEA（国際原子力機関）の会議に出席した時、立ち話で聞いた話なのですが、事故を起こしたのはソ連の核兵器用プルトニウム生産炉らしいのです。だから、ソ連は情報を公開できないようです」

翌日一斉に「事故は核兵器用原子炉か？」という見出しが踊ったのは言うまでもない。（傍点筆者）

チェルノブイリ原発の炉型や構造は、学術雑誌ですでに公開されていたので、研究者ならば間違うはずはなかったが、「ここだけの話」というひと言で、誤った記事が書かれてしまったのである。

マスコミ対策は続く。

「広報担当官は、マスコミ関係者との個人的つながりを深める努力が必要ではないか。接触をしていろんな情報をさりげなく注入することが大事だ」

「広報担当官は、マスコミ関係者と個人的つながりを深めておく。人間だから、つながりが深くなれば、当然、ある程度配慮し合うようになる」（傍点筆者）

　原発に関連する記者クラブが、記者接待の温床となっていたのは紛れもない事実だ。かつては毎晩のように宴会がセットされ、記者はおみやげとタクシー券を持たされて帰宅するのが日課だったそうだ。

　もちろん、それほど極端な例は少なくなったが、推進側はすきあらば虎視眈々と記者取り込みの機会をうかがっていることがわかる。視察に名を借りた大名旅行は今も残っているし、タクシー券のばらまきも一部で続いているという。

「マスコミ関係者は原子力の情報に疎い。まじめで硬い情報をどんどん送りつけるとよい」

「関係者の原子力施設見学会を行う。見ると親しみがわく。理解も深まる。特にテレビや新聞の内勤者の人たちに見せるのが効果が高い。彼らは現物を知らないので、観念的批判者になっている」（傍点筆者）

　原子力施設はコンクリートの塊りである。内部も通常は厳しい放射線管理が行われている。この様子を見て、果たして「親しみ」がわくと彼らは本当に考えているのだろうか。

　ほかにも、原子力に好意的な文化人を中心とした「ロビー」を設置したり、特定のテレビ局を「シンパ」にしたり、果ては『美味しんぼ』ばりのマンガを製作すべきだとか、荒唐無稽なアイディアが満載されている。

　その一つひとつのおかしさもさることながら、アイディアをひねり出す頭の構造に思いを馳せ、ぜひ熟読玩味していただきたい。

▲かつて放送された原子力CM

〝懐柔〟と〝報復〟の果てに

——電力会社のテレビコントロール——

加藤久晴

〝懐柔〟が〝怪獣〟を作る

流出が続く放射性物質。とどまるところを知らない大気汚染に土壌汚染と水質汚染。先行きが見えない東京電力福島第一原子力発電所の事故。

しかし、事故後の4月のアンケート調査によると、この期に及んでも、「原発存続」を支持する回答が半数前後あるのだ。原発の危険性がこれほどはっきりしているにも拘わらず、回答者たちは何故、原発を容認するのか？

テレビメディアの影響が大きいのではないか。

テレビは長年にわたって（現在ではすべてデタラメであることが明らかにされているが）原発の安全、安心、安定、安価を喧伝してきた。その威力が近年、衰えてきたとは言え、テレビメディアの影響力はまだまだ侮れない。そこに目を付けた電力会社は、これまで言わば〝懐柔〟と〝報復〟によってテレビメディアをコントロールしてきた。いや、さらに〝妨害〟と〝恫喝〟も加えるべきかもしれない。

日本で初めて原子力発電に成功したのは1963年のことであるが、電力会社によるテレビ局〝懐柔〟が目に余るようになったのは、米国・スリーマイル島の原発事故（79年）以来である。高まる反原発世論を何としてでも鎮静化する必要があったのだろう。

79年に東京電力が流したテレビスポットだけでも一〇万八四三五秒、当時の都民一世帯当たりに換算すると平均一九八回見たことになると言うから何とも凄まじい。

このCMスポットは全国四〇のテレビ局で放送されたという。また、政府・電力会社提供による原発広報番組も、79年だけで一二種類も作られている（民放労連調べ)。

当時、すでに反原発の市民運動があり、良心的な研究者たちは原発に警鐘を鳴らしていた。しかし、テレビは彼らの声をまともに聞くことなく、権力やカネに引き回され、言わば〝懐柔〟映像を流し続けていた。そして〝懐柔〟が原発という〝怪獣〟を作っていった……。

電力会社のCMや広報番組は、民放にとっては、広告費の取りっぱぐれはないし、放送すれば政府筋の覚えはめでたくなるし、言わばおいしい素材なのだ。いくら社会的に批判を浴び、視聴者から反発されようとタレ流しが続いたのは、そこに理由がある。

スリーマイル島事故後のスポットCMの状況を見てみると、北は北海道電力から南は九州電力までの八電力で作られている。内容はアニメ、SFドラマ風、ホームドラマタッチなど、さまざまに工夫を凝らし、電力一般と原発の宣伝をしている。どの原発CMにも共通しているのは、安全、安定、安心、安価を強調している点で、現在見ると、何とも空々しく、肌寒い中身である。タレントや著名人も動員されていて、女優の八千草薫、故・田中好子、プロ野球の西崎幸広投手(日本ハム、西武)などが、恐らく法外なギャラで、にこやかに、ノーテンキに、無責任に原発を宣伝している。

他に、当時、原発広報番組に出演していた真木洋子《ひろこ》、所ジョージ、ケント・ギルバート、見城美枝子などを含めて、原発推進に手を貸した出演者たちは、原発容認世論を広めるために、かなりの役割を果たしたと言える。その後も、高いギャラや原稿料に目がくらんでか、ビートたけし、吉村作治、アントニオ猪木、弘兼憲史、勝間和代、荻野アンナなどなど、原発CMや原発推進プリントメディアに名前を出す著名人は増える一方だった。彼等は、今、その責任についてどう考えているのだろうか?

ケント、福島原発を称賛

当時の原発広報番組を覗くと、当然ながら中身が余りにも露骨なのに唖然としてしまう。

例えば『ヒロコの何でも見てやろう』だ。その第五回「原発訪問記」の企画書には、「司会・レポート　真木洋子」とあり、「協力　通産省」と出ていて、次のように番組の狙いが書かれている。

「石油に続くエネルギーとして原子力発電の重要性が注目されています。安全性確保を第一とする日本とアメリカの原子力発電所を紹介し、さらに原発推進の必要性を訴えます」

当然ながらこうした一方的な番組に対しては反発も強く、広島の局からは放送を断られ、京都の局では、反論番組を作る羽目になった。

その後も、一方的で露骨な原発広報番組が各局で続く。

84年には、原発を推進した元凶の一人、中曽根康弘氏と向坊隆原子力委員長（当時）との対談をテレビ朝日系の『あまから問答』が放送した。フジテレビ系列では『'84ニッポン明日をひらく』で岩動《いするぎ》科学技術庁長官（当時）が「核燃料は安上がりである」と繰り返し強調。日本テレビ系列では、ミニ番組の『ご存じですか』が原発を一方的に礼賛。また『ケント・ギルバートの不思議なエネルギーの話』なるタイトルの一時間番組は、その内容が伝わると、労働組合や視聴者から放送中止を求める声が相次いだ。

番組の中身を見てみると、凝ったつもりなのか、ケント・ギルバートが薪能を見物しているシーンから始まる。薪能の炎と能舞を盛んにオーバーラップさせ、ケントは、とってつけたように、「日本経済を支えている秘密のひとつをエネルギーの面から見てみます」などと言う。その後も、東大寺や現代の東京の消費シーンを見せ、何度もエネルギーを連呼する。狙いはミエミエだ。エネルギーを供給するためには原発が必要である、と強引に持っていく構成なのだ。そして、ケントは、福島第一原発を訪れ、その映像をバックにして、「原発ほど効率のいいエネルギーは他にない。まさに資源の少ない日本にうってつけのエネルギーだ」「いくつかの技術的問題は一つひとつ克服され、日本の原発は世界に例を見ないくらい順調に運営されている」などなど、無責任発言のオンパレード。ケント・ギルバートは、現在の福島第一原発の惨状に対してどう弁解するつもりか？

この番組に対して、日本テレビの労働組合は当時、団交の席で、「一方的な内容を持つ番組の放送には反対する。番組内容をチェックし、反論権を保障せよ」と、要求したが、会社側はつっぱね、ついに放送を強行した。

しかし、原発問題を抱えるネット局からは突きあげを喰らい、中国電力の原発建設計画への反対闘争が起こっている鳥取県をエリアとする日本海テレビ（日本テレビ系）は放送を中止し、プロレス中継に差しかえてしまった。同じく鳥取県では、科学技術庁が提供しているラジオ番組『見城美枝子のエネルギー・フューチャー』を放送した山陰放送（ＴＢＳ系）に対して住民が猛反発をし、「今後原発推進番組を一切放送しない」と確約するよう文書で求め、局側を追及した。

こうした、各地からの視聴者の批判をかわすべく政府と電力会社側は手口を変えることも試みている。報道特別番組やエンタメ番組の体裁をつくろうことを画策したのだ。

特番スタイルの典型的なケースが、東日本放送（テレビ朝日系）の『報道特別番組・どうなるか女川原発』（78年）である。フィルム構成とスタジオ座談会による九〇分の単発番組で、企画書を受けとった制作会社・テレビ朝日映像のスタッフは奇妙なことに気がつく。民放の番組企画書に必ず表示されているスポンサー名のところが空白になっているのだ（後に東北電力の提供であることが判明）。さらに、企画書を読みすすめると、とんでもない一節にぶち当たった。

「結局は、現実的選択として、原子力しかないことが明らかとなってきます。（中略）原子力発電所のような施設は、実際に稼動するまでに相当な準備期間を必要とすることを考えますと、今回の事態は一刻も早い解決が望まれる訳ですし…」

だから女川原発を早く作れ、という文脈に続く。これでは、何のことはない、公正中立を要求される報道特別番組どころか原発推進番組である。テレビ朝日映像のスタッフは担当を拒否し、企画は没になった。ところがそのスタッフは、その後現場を外され、事務部門に配転されてしまった。良心的なスタッフに対する、到底許されない〝報復〟である。

エンターテインメント部門では当時の東京12チャンネル（現・テレビ東京）の一本の番組が問題になっている。

農民作家・吉野せい氏の原作をテレビ映画にした『洟《はな》をたらした神』の脚本の中に、原作にはない、原子力発電所職員になったせい氏の長男がせい氏を発電所に案内するシーンが出てきたのである。せい氏の遺族からのクレームで、そのシーンはカットされたが、番組自体が放送中止になってしまった。番組提供官庁の科学技術庁が、原発シーンがないドラマなど意味ない、とばかりに降りてしまったからだ、と関係者は憶測している。実に露骨な〝報復〟である。

執拗で巧妙な〝恫喝〟

電力会社側の思惑通りのCMや広報番組ばかりを見せられているのだから、視聴者が「原発神話」を信じるようになったとしても無理からぬことかも知れない。

▲『プルトニウム元年』（広島テレビ）

ところが、現実には、チェルノブイリ原発の事故をはじめ、日本でも、高速増殖炉「もんじゅ」のナトリウム漏れ（95年）、茨城・東海村のＪＣＯにおける臨界事故（99年）、浜岡原発のパイプ破損（２００１年）などのアクシデントが次々に発生。

　まがりなりにも報道機関であるテレビ局が、原発の安全性に疑惑の目を向ける番組作りをするのは当然の流れであろう。しかし、電力会社側の意に沿わない番組の制作・放送に対して、電力会社は理不尽な〝妨害〟〝恫喝〟〝報復〟を繰り返すのである。

　93年の「地方の時代映像祭」は、広島テレビ（日本テレビ系）の『プルトニウム元年』にグランプリを授与した。さらに、この作品は、「日本ジャーナリスト会議」の奨励賞、「ＮＮＮドキュメント年間賞」で優秀番組賞を獲得している。全部で三本のシリーズになっていて、第一部は、日本のプルトニウム利用への動きと、原子力発電とプルトニウムとの関連を追求し、海外の核廃棄物再処理現場の実情をリポート。第二部では、フランスからプルトニウムを運ぶ「あかつき丸」を追い、第三部では、白血病で死亡した浜岡原発の労働者の裁判、ＩＡＥＡの調査団がチェルノブイリ事故の影響を過小評価し、現地の医師団から批判される様子などを描いている。いずれの作品も綿密な取材と的確なナレーションで、警告性をはらんだ、インパクトに満ちた仕上がりになっている。ＪＣＪ賞の選考委員の山田洋次氏は、「受賞された『プルトニウム元年』、これは素晴らしいドキュメントだと思いました」と選評で絶讃している。

　ところが、この作品は制作段階から電力会社からの妨害を受けていた。取材クルーがプルトニウムの搬出作業をヘリコプターで撮影していると、電力会社はヘリコプターを飛ばしている航空会社に飛行を中止するよう圧力を掛けてきた。その航空会社は、保線作業などで電力会社から仕事を受けているので抵抗できず、ヘリからの空撮は途中で中止せざるを得なくなった。

電力会社からの嫌がらせや介入は、放送後も続く。電力会社の幹部が放送局を訪ねてきて、高圧的な態度で、番組を放送したことへの異議を申し立てるのである。放送局側、とくに地方局にとっては、電力会社はスポットやタイムのCM出稿量が多い大スポンサーだから、無視はできない。『プルトニウム元年』放送の際には、広島テレビだけではなく、同番組をネットしていたすべての局に、それぞれの地域の電力会社が訪問したという。各地の電力会社は大体が地域の民放のニュース番組のスポンサーになっていて、提供番組ばかりか他の番組へも監視の目を光らせていて、問題番組（?）を発見すると、介入を図る。明らかに報道の自由の侵害であるし、絶対に許されることではない。多少とも原発への危惧を含んだ番組が放送されると、直後に、キイステーションの場合は電事連の広報部長が局の営業をともなって制作の責任者のところへ現れる。そして、「抗議ではなく説明にきた」と弁解してから番組攻撃を始める。また、自分たちの話も聞いてくれとばかりに原発礼賛企画を提示し、原発見学ツアーに参加しないか、と誘う。

さらに、その前に打ち合わせと称して、個室しゃぶしゃぶや高級クラブへの招待。情けないことに、そうした誘いに乗り、甘い汁をたっぷり吸わされ、電力会社の提灯持ちに転落した新聞社、放送局の幹部、記者、スタッフなどが少なからずいるのだ。彼等の工作、執筆、制作にかかわる、ヨイショ記事や一方的PR番組がどれほど読者や視聴者をミスリードしてきたことか。あるいは情報隠しによる警戒心の麻痺。それらを考えると、政府、電力会社の甘言に乗ったメディア関係者の罪は重い。

報道機関が電力会社の介入を許してしまうのは大スポンサーであるからだ。広告出稿を切り札にして、電力会社は、許されざる“恫喝”で報道機関を揺さぶる。従わない場合は“報復”である。前出の広島テレビの場合は、新しく始まるスポーツ番組からの降板だった。地方局にとって電力会社のスポンサーを失うことはかなりの痛手であるが、後に触れるように、電力会社は同様の手口を石川テレビ、毎日放送でも使っている。

こうした“恫喝”にビビってしまう放送局もだらしないが、広島テレビはさらに、電力会社へのアピールのためか、『プルトニウム元年』に関係した、報道局長、局次長、プロデューサー、ディレクターの四人を配置転換してしまう。通常の人事異動という言い方は通用しないだろう。明らかに、見せしめ人事であり、処分である。なぜなら、四人とも報道から外され、営業への配転であり、ディレクターに至っては大阪へ飛ばされている。そして、社内では、上層部が「これでプルトニウム元年チームは解体した」と言っているという噂が流れていた。数々の賞を取り、広島テレビのイメージアップにたいへんな貢献をしたと思われるスタッフたちに何という仕打ちをするのか、という怒りを誰しもが覚えるのではなかろうか。

さらに、『プルトニウム元年』の受難が続く。

例年、「地方の時代映像祭」のグランプリ受賞作は、NHK総合テレビで再放送されるのが恒例となっているのだが、『プルトニウム元年』については放送を見送る、と広島テレビはNHKから通告される。理由は、プルトニウムをめぐる情勢が変わった、ということと、最近プルトニウムについてはNHKは二度も放送しているからだ、という。しかし、いずれも取ってつけたような言い訳で鵜呑みにできない。変更の背景には、政府や電力会社の影がちらついていた。広島テレビは納得せず、NHKに対して、通例に従って放送を要求すると、NHKは、渋々ながら態度を一転させ、総合ではなく、教育テレビの枠で放送した。まさに、時の権力に弱いNHKの面目躍如（？）というところか。NHKは作品の内容を問題にした訳ではない、と弁解しているが説得力に乏しい言い訳だ。

青森、石川、大阪でも…

『プルトニウム元年』を放送した『NNNドキュメント』（日本テレビ系列）の枠では、〝反核もの〟として、青森放送が『核まいね』シリーズを七本放送して、高い評価を得ていた。青森県・六ヶ所村の核燃料施設を扱ったドキュメンタリーで、施設建設を危惧する若い母親たちや農漁民の動き、声などをビビッドに取りあげ、大きな反響を呼んで数々の賞を得ていた。

「海が汚れ漁業ができなくなる」と訴える漁業者の声に対して、「核燃（施設）は農民のための開発」と開き直り、農漁民の反発を受ける、当時の北村青森県知事の冷たい対応などもばっちりと描かれていて、インパクトのある内容だった。番組はナレーションの最後の部分で、「核燃施設の安全性を保証する技術が確立されてない以上は核まいね！」と、小気味良く明快に宣言する。「まいね」とは方言で「NO」を意味する。

しかるに、その後、青森放送は、この優れたドキュメンタリーの母体となったローカル番組『レーダースペシャル』を潰し、制作を担当していた報道制作部を解体してしまった。一方で青森放送は、エネルギー番組と称して核関係のPR番組を年に十数本放送している。核燃企業は青森放送にとって大スポンサーなのである。

一方的な宣伝番組だけを流し、批判番組は抑えつける、という許し難い構図がここでも見られるのだが、電波は言わば国民の共有財産であり、放送局は視聴者から電波を預けられている立場なのだ。スポンサーの意向に沿うだけの一方的な番組編成は許されないはずだ。

石川テレビ（フジテレビ系）が93年に制作した『能登の海　風だより』は、能登半島の豊かな自然の中で暮らす人たちの中に、原発の魔手が巧妙に、不気味に浸透する様子が描かれている。

石川県・珠洲《すず》市《し》では、関西・中部・北陸の三つの電力会社が一〇〇万キロワット級の原発を二基ずつ建設する計画がすすめられていた。番組には、日本原子力財団が、住民を籠絡するために原発視察旅行に連れ出す様子や、広大な用地を確保するために議員を使っての裏工作がリアルに、ミステリアスに描かれる。電力会社の立地部員が説得工作する露骨な声もはっきりと録音されている。声は言う。

「精いっぱい生きたって、お父さん今70でしょう。きんさん、ぎんさんでも100歳、100歳だからね。精いっぱい生きたって、三〇年だからさ。きっちり、楽しく生きたほうがいいよ。このままいけば恐らく、お父さんの前だけど、衰退の一途ですね、これ、たしかにお父さんのおっしゃるように、家を動きたくないというのはわかるんだけれども、じゃあそれだけで将来、生活できるかどうか、そういうことです」

まったく脅迫じみた嫌らしい説得だ。国から市におちる原発促進事業費は、年間一億八〇〇〇万円余りもあるという。

原発に反対する住民も多く、住民たちは白紙撤回を求めて市役所で四〇日間も座りこみを続け、調査を一ヵ月余りストップさせた。番組では反対住民の活動や声を紹介しているが、その中の一人は言う。

「町づくりと言っても高屋の町はつぶれてしまうんや。こんだ。なんにも知らないんだ。（中略）原発が安全なもんなら、こんな所までこいでも、たくさん電気を使う関西方面にやればいいのにな」

説得力のある切実な声だ。

しかし、番組クルーが、こうした住民の声を取材していると、しばしば、電力会社側と思われる正体不明の人物が現場に現れるのだという。電力会社関連の人間が居合わせたのでは住民も素直な発言ができなくなる。嫌がらせもいいところだし、取材妨害そのものだ。

妨害や嫌がらせを乗り越えて完成した『能登の海　風だより』は放送されるとたいへんな好評を博し、「地方の時代映像祭」で優秀賞を取り、「第二回FNSドキュメンタリー大賞」を受賞している。ところが電力会社は、例の如く（?）〝報復〟として石川テレビのニュース枠のスポンサーを降りてしまう。石川テレビとしては、FNS大賞の賞金（一〇〇〇万円）と同額程度の収入減になったという。

気にいらない番組を放送した局に対しては、CM出稿の停止という、電力会社の〝報復〟は他にもまだある。

大阪の毎日放送（TBS系）は月に一度、第三日曜の深夜に関西ローカルで『映像〇〇《マルマル》』シリーズを放送している。番組提供スポンサーを付けず、スポットCMのみの「サスプロ」で社会的なテーマの作品も多く、固定ファンが付いている。2000年10月に、この枠で『なぜ警告を続けるのか』が放送された。京都大学原子炉実験所の研究者、今中哲二氏と小出裕章氏を中心に追ったドキュメンタリーだ。二人に共通しているのは、原発の危険性を長年にわたって警告しつづけていることと、今中氏に言わせると、「危険な原子力をやめるのに役立つ研究をしている」点だ。二人は、研究の合間に、講演、市民集会、シンポジウムの席などで原子力の危険性をわかりやすく説き、原発差し止め訴訟などの裁判では市民の側に立つ。それが災い（?）してか、実験所では長いあいだ、二人とも助手の地位のままにおかれ、現在は助教。そのことについて聞かれると、今中氏は、「日本国は原発を推進しているのに、そこの人間が盾ついているのが面白くないのでしょう」と明快に答えて笑う。とにかく、二人ともまっすぐ自分に忠実に生きようとしているところが豪快で何とも爽やかだ。番組も二人の、権力や地位にこだわらない魅力的なキャラクターや行動を人間味たっぷりに、恰好よく描いていく。

「科学という場所にいる人間として責任を果たしたい」という小出氏の決意が具体的な行動によって明確に捉えられているだけでなく、原発への疑念がわかりやすく伝わってくるドキュメンタリーだ。

ところが、この作品に対して関西電力が、「片寄った内容である」とクレームを付けてきて、一方的にスポットCM一ヵ月分の出稿を停止してしまったという。

関西電力が和歌山県日高町に原発を建設しようとし、住民の反対で中止になるエピソードは出てくるが、全体の中では一部にしか過ぎない。それに〝片寄った〟と言うが、新潟県の柏崎・刈羽原発の説明会、東北大学での討論の席、PRセンターなどのシーンで当局側や推進派の言い分も、番組ではきちんと押さえている。要するに、電力会社の意に沿わない部分が少しでもあれば実力行使（＝CMの差し止め）する、ということなのだ。公共性を要求される大企業としては信じ難い、一方的で傲慢な対応だ。「批判や警告の先に究極の安全がある」と番組はナレーションで言っているが、批判や警告を受けつけない、電力会社の体質が、今回の福島原発の悲劇につながったのではないか。

テレビの罪

批判的な番組を一切許さない、というファッショ的な電力会社の強権体質とそれを認めてしまう情けないテレビ局の弱腰姿勢。それは現在でも続いていて、少しでも国の原発政策に異議をとなえたり、原発そのものへの疑惑を提示したりする番組企画に対しては、この期に及んでも局から厳しいチェックが入っているという。

某キイステーションに至っては、管理職の一人が、「うちは系列の新聞社が原発推進派だから……」と、のたまったという。この管理職は、放送法第四条を熟読する必要がある。そこには放送局が政治的に公平であること、意見が対立している問題については、できるだけ多くの角度から論点を明らかにすることが記されている。こういう管理職が幅を効かせているテレビ局に放送免許を与えておいて良いのだろうか、と心底から思ってしまうのだ。

仮に、テレビ局が、反原発の声を真摯に受けとめ、原発に異議申し立てをとなえる映像を〝懐柔〟映像と同じくらいの量で流していたら、人々は、原発の真実の姿を知り、その未来に疑念を抱き、世論が変わり、狭い日本列島に五〇基以上の原発を作らせることなく、福島原発の悲劇も防げたのではないか？

そう考えると、テレビの罪はあまりに重すぎる。

テレビ見てクリック！特別編

「視聴者が見た震災特番 QUAE特別調査報告・東日本大震災報道（3月11日〜31日）に対する視聴者の意見」

メディア総合研究所と武蔵大学ＭＭＳ研究会は、Quality（品質）、Usefulness（実用）、Amusement（娯楽）、Ethics（倫理）の４つの評価軸でテレビ番組を採点するサイト”QUAE（クアエ）”を運営しています。この研究プロジェクトは、視聴者の側から見たテレビ番組の普遍的な評価尺度を開発し、その尺度を用いて視聴者の番組評価を多角的に調査することで、真に視聴者の意識やニーズを反映した具体的な評価を得る仕組みと評価指標を確立することを目的としています。
調査の方法としては、サイトにアクセスしてもらって、質問に答えて
画面をクリックしたり、自由に意見を書き込んでもらう方法をとっています。

一　今回の調査の概要

3月25日から31日まで募集していた「東日本大震災」報道についてのご意見についての調査のまとめを報告する。今回のＱＵＡＥは、いつもの四つのジャンルの各五項目を五段階で評価するのではなく、3月11日におきた東日本大震災報道について、率直に感じたことを文章で表していただいた。

全体で二七件の意見書き込みがあったが、うち、女性七人、男性二〇人で圧倒的に男性の書き込みが多かった。24歳女性から76歳男性までの幅広い層からなり、40歳代と60・70歳代の方が多く、特に70歳代の方が熱心な回答を寄せてくれた。平均年齢は59歳。

今回寄せられた意見を集約すると、次のようになる。

1　災害情報、特に原発については、政府と東電に操作された内容では何を信用して良いのかわからない。不十分な情報が逆に不安を掻き立てる。

2　取材記者は知識不十分で、記者会見における質問がおざなり。情報源に対して追求が足りない一方、態度は横柄だ。

3　とはいえ、テレビメディアの特徴は十分に発揮され、津波の凄さが十分にわかり、地震速報は事前に準備の時間を与えてくれている。

二　意見の種類別まとめ

たくさんの意見が寄せられたことと、一人の人が多面的に語っているのでまとめにくい面もあったが、ここでは、同一人のそれでも意見の種類別に分けて、意見をまとめてみた。

（1）情報源による発表
（2）情報内容
（3）テレビ局の対応
（4）取材の仕方・記者の態度
（5）司会者・コメンテーター・専門家
（6）テレビの特性
（7）ＣＭ
（8）提言
（9）その他
（10）内外メディア比較

（1）　情報源による発表――今回の調査は「東日本大震災報道」についての意見募集であるが、視聴者の関心は当然、報道のもととなる情報源、ここでは主として東京電力、原子力安全保安院、そして官房長官をはじめ政府の発表に対する言及が多い。

■東電の記者会見最初の頃は会見中にゴチョゴチョ、打ち合わせをしてお粗末。原子力安全保安院の記者会見、西山英彦審議官はいつ見ても腹が立つ、自分は東京という安全地帯に居て、言うことも他人事に聞こえる。あのようなキャラは記者会見に出るべきではない。旧通産省、現在の経産省と東電は、天下りなど癒着振りは深いものがあると思う。今回の事故も地震、津波の危険の警告を無視してきた、政、官、財の癒着が一つの原因だと思う。（男　72）

■本人のせいではないが保安院の広報担当者の顔は、真剣に見えない顔立ちであるので、この仕事に向いていないと思う。他に人はいないのであろうか。広報はことのほか重要であるので、日ごろから養成しておく必要がある。（女　68）

■東京電力や原子力保安院の記者会見が中継されるが、その無責任さというか、ヒトゴトのような態度に腹が立つ。（男　70）

　このように、広報を担当する人のアピアランスの問題が今回は大きく取り上げられた。多くの方が被災され亡くなった中では、やはり、それにどのように向き合っているかという姿勢・態度が大事である。この審議官は日ごろから広報担当としての訓練を受けていないであろうし、また、それにふさわしい人を保安院が選んでいるとも思えない。つまり、広報活動を軽視していた結果がこのようなときに露呈されたのではないか。

　情報源についての問題は、結局、主要な情報源同士の職務分担が不明瞭なことと、事態に対する責任の所在がはっきりしないことが、結果としてのばらばらの発表につながっており、それが視聴者の不安感につながっていると思われる。それは以下の書き込みに表れている。

■この発電所の運営と危機管理に誰が責任を持つかも不明確で、最終責任は政府ということでしょうが、実務については、当然東電が責任を持つべきで、保安院も何のためにあるのかが良くわかりませんでした。事故の報道についても、しっかりとしたデータ・情報に基づいたものではなく、どこが故障しているのかわからず、また対策に必要なデータすら計測できない状態で報道していたことがよくわかりました。本来電源系統および冷却用ポンプがすべて不能になったということは、致命傷であるはずなのですが、当事者はこのことを隠して何とか処理しようとしたのが、国民を不安にしてしまったと思います。やはり、事前の危機管理（あらゆる最悪事態のシナリオに耐えうる対応策）がなされていなかったとしか思えません。（男　76）

　そのほかに、次のような書き込みもあった。

■岩手県出身の小沢一郎が岩手に行ったが遅いと思う。挙句の果てに現政権批判、原発行政批判、原発に関しては自民党政権がやったことであり小沢にもかなり責任があると思う。（男　72）

■天皇陛下のビデオレターあれはなんですか。以前のドラマのセリフに「同情するなら金をくれ」というのがあったが被災者からみればまさにそれだと思う。（男　72）

（2）情報内容について――情報源の問題はそのまま、情報内容の問題に引き継がれ、それは視聴者にとって最も大きな問題。

■本当はもっとひどい被害なのだという説があり、一方、テレビでは「ただちに身体に影響を及ぼすものではない」という見方が流される。どちらを信じたらよいかわからないままに時間が流れる。（女　68）

■我々が知りたいのは、第一原発であれだけの事故があったのに第二原発はあまり被害がなかったのはなぜか。津波の大きさ、海岸の地形その他いろいろ異なる点はあったと思いますが、そのことについての解説は全くないのがむしろ不思議です。（男　76）

■民放だけじゃない。ＮＨＫだって同じだ。御用学者の空疎で無意味な解説を垂れ流すだけなら、プロパガンダと変わらない。「ほんとうはいまなにが起こっているか」が知りたくてテレビをつけても、政府と電力会社に操作された情報しか知りえないのでは、報道の名に値しないと思う。いまのところ水道水はじつは無害だ、といった生活情報もいいけれど、パニックを煽るのを恐れるあまり、というより煽ったという批判を避けようとするあまりか、原発事故の実態と現状があまりにも伝えられなさすぎるのだ。（男　46）

■他局に比べたら、情報がはやく伝わるイメージとインターネットで見られるという点で震災直後はＮＨＫを見る機会が多くありました。記者会見や原発の情報についての報道ばかりやっているように感じた。被災地出身の私にとっては、地元がどうなっているかという現状を知りたかったが…すぐに、映像が切り替わり、はがゆい思いをした。（女　24）

■地震・津波の凄まじさ、被災者の窮状についての報道では、ＮＨＫをはじめすべての番組が、「類型化・同質化」しているのに、辟易します。記者たちは、避難所を訪ねて「今、何が一番必要か」と、揃って同じ質問を繰り返す。こんな時間があるなら、貴重な機会を活かして、避難者の希望を募って、避難場所ごとにその無事な顔を順次放映したら、どれほど役立ったか知れません。（男　72）

■被災者の安否情報はもっと工夫できないかと感じた。（男　56）

■震災発生から記者が現場へ入るまでの二～数日は、ＮＨＫ

を含めどの局も「傍観者目線」で被災地との温度差が非常に大きい。科学的分析や発表情報の繰り返しのみで、大規模地震と想定されるなら、今何が必要か、何が必要とされるはずか、など、国民全体の課題として「行動の参考になる重要情報」を示すべき。教訓は過去の大震災で多々得られているはず。たとえば、非被災地では車を使うな、買い物を控えろ、物流は○日程度で回復するはずだからそれまでは自宅にあるもので食いつなげ、などなど。（女　40）

（3）テレビ局の対応について——日本のテレビ放送（少なくとも東京の地上波）は、基本的にNHK五波（3月いっぱい、4月からは四波）、民放五波の計一〇波ある。これらが、良く言えば独立性を保って、悪く言えば何の脈絡もなく勝手に放送しているのが実情。NHKに関しては、当初五波とも同じ内容を流していた。その結果、番組内容が単一となり、他の番組を見たくても見られない事態が生じた。しかし、同一組織なのだから当然だが、途中からETV（教育放送）とBS2を個人の安否情報にするなど、役割分担をした。

　しかし、当初、すべて同じ放送にする必要が本当にあったのかどうか、議論のあるところだ。阪神淡路大震災の時には、そのため、耳の不自由な人が情報を待ちかねていた「手話放送」をつぶしてしまい、その人たちを失望させたことがあった。そういう反省をどのように生かしたのか。今回は、地震が発生した3月11日の夜の「手話ニュース」はなかったが、12日からETVとBS2で12時前、15時前、17時前、20時前に放送されていた。阪神大震災時の教訓は、翌日からは生きたと考えられるが、当事者にしてみれば、その日に他の人と同じように知りたかったでしょう。

　民放各局は、それぞれが独立した局だから、独自に取材し報道せざるを得ないと考えるでしょうが、視聴者にとっては、せっかくそれだけ違うチャンネルがあるなら、それぞれが役割分担をして有効に放送を活かしてほしいという気持ちが生じる。それが、つぎのような意見につながってくる。

■地震後数日は各局が震災関連一色であったのはやや違和感がある。他の重要なニュースもあったはずである。また、局によって役割分担して、より多くの情報が流れるようにすべきであった。（男　70）

　また、当初、この震災についての名前が定まらなかった。被害の実態がわかるにつれ、大方のメディアが「東日本大震災」と呼ぶようになったが、NHKだけは当初の呼び名を変えなかったので、そのために、次のような批判が出たのか。

（4）　取材の仕方、記者の態度について――まずは、一度でも経験した人ならわかる、大変な被災地取材に対するねぎらいの声を伝える。

■被災時（特に巨大津波）の報道、被災現場等直接記者が見たこと感じたことについてはよく報道されて良かったと思います。取材記者の方も大変だったと推察します。（男　76）

映像を見るだけでも取材の大変さはかなり理解できるが、現地に立つとおそらく、そこに吹く風や強烈な臭い、そして一面につづく被災地の広がりなど、画面からだけではわからないさまざまなことが五感と感情を揺すぶることでしょう。その大変さについては理解しつつも視聴者は、記者会見における記者の質問能力等に対しては、批判的であったり、はがゆい思いをしたりしていた。

■テレビはどこも会見を中継しているけど、東電などの「当事者意識」のなさをもっと追及するべきではないか。彼らの言ってることをそのまま流しているだけで、そういう報道はかえって国民の不安を拡大しているように思う。誰のために報道しているのかわからない。これではジャーナリズムとはいえないのではないか。今回の原発事故は日本の社会が実にいい加減で恐ろしく無責任な基盤のうえに成り立っていることを露呈させた。そのことをメディアは（テレビだけではないが）きちんと批判的に報道して欲しい。放射能は恐ろしいし不安がつのるが、こういう東電や原子力保安院の無責任さはそれ以上に恐ろしい。そこを追及して、明らかにすることがメディアの役割だろう。（男　70）

■原発事故に関しては記者会見、発表が続いているが、出席して質問できる新聞、テレビの記者のレベルが低い。28日に現場で作業に当たっている人々の状況の報告があったが、生活状態のあまりのひどさに避難所以下ではないか、そんな待遇ではまともな作業はできない、今後も間違いが起こると危惧した。日本人の命運を預けている人たちにそんな仕打ちをしていてよいのかと、記者たちは感じないのか。マットレスを運んだり、まともな食事を一日三度できるように、車両を出せないのか、なぜそこで質問しないのか。ほかにもある。ヨウ素１３４の値が炉内の冷却水の１０００万倍とする発表のあと、「あれは間違いでした」と訂正があったが、何をどんな風に間違えたのかフォローしてない。はじめの数字が現実なのだが、パニックを恐れて訂正したのではないかと疑ってしまう。トレンチにたまった水の表面が１０００ミリシーベルト以上だが、計測器が振り切れてわからなかったというお粗末もそのまま。より高度の計測器で再度測ったのか突っ込むべきだ。あいまいな事象があいまいなまま放置されている。

29日『朝日新聞』朝刊にベタ記事で「放射線量多く、遺体収容断念」の記事がある。駐車場で倒れていた遺体の表面を線量計で計ったら、全身除染が必要な基準を上回ったので収容しなかった、という内容だ。これはかなり重大なことのように思えるが、科学的にきちんとフォローするかどうか注目だ。一般人は報道に接して質問したいことが山ほどあるはず。その特権を与えられている記者は、平時の馴れ合いの質疑でなく、危機感を持って会見に当たってほしい。このような有事の際は育成中の記者ではない、見識を持ったベテランに代えることも必要だと思う。（女　72）

■記者会見の際の新聞社・報道関係者の質問が、まったく愚問か不要なものが多く、質問者の尊大さが目立った。追及したり糾弾するタイプの質問も、時と場合を心得ていない。自分たちの本務をなんだと思っているのか、選良とか特権階級とでも考えているのか。心得違いも甚だしい。質問者の名前は、ほとんど聞き取れないが、わかればその人間にいかにだめな質問であるかということを知らせたいくらいです。専門知識がないのに、初歩的な質問を傲慢な態度でしたり、会見者がきちんと説明したのに、繰り返しになるようなどうでもよい質問をしたり、その時点では必要でないことを聞いたり、自己顕示ともいえるような、実に些末な問いがほとんどだった。傲慢な態度で、そういう自己のあり方に、疑問も持たないような思い上がった気持ちが感じられて、不愉快だった。……また、こういう非常事態の際に、内閣や東電やその他の機関・組織に対して、責任追及したり、糾弾するような質問をするのも、時期やケースをかえりみない、不遜な対応と思われ、腹立たしかった。何を報道すべきか、どういうスタンスにいるのかを、一人一人の報道者が、原点からきちんと考えるべきだと思う。記者たちは、自分たちが何様だと思っているのだろうか。ただの報道者なのに、何か優秀で、ステイタスのある仕事だと思い上がっているとしか思えない。（女　65）

……とかなり手厳しい。やはり、科学記者をはじめ専門の記者を日ごろから養成し、本当に聞くべきことは何かを、日ごろから用意し訓練しておく必要があるのではないか。記者の適切な質問が、行政や当事者をも育てるのだ。

そのほか、これに関連した点として以下の書き込みがあった。

■海外メディアと日本のメディアとのギャップ：日本のマスメディアは本当のことを伝えていないのではないか、国民にパニックを起こさせないために情報を隠蔽しているのではないか。

■説明が不十分または誤っている：放射線の体への影響について、誤った説明（あるいは意図的？）を平気でしている。放射能による被曝の数値を年に一回（per year）のレントゲンなどと一時間当たり（per hour）を単純に比較して説明。放射性物質がどのように飛散するかを予測して国民に伝えようとしている局が私が知るところ全くない。考えてみればこれは震災に限ったことではなく、日常的に情報とはこういうものであると考えているので、テレビからは一般的・常識的な情報を得て、他に雑誌や書籍、インターネットで情報を入手している。（男　49）

（5）　司会者・コメンテーターおよび〝専門家〟など、出演者について──まず、ほめているコメントから。

■他局が原発報道ではゲスト学者にゆだねているが、NHKは科学文化部・水野倫之、山崎淑行、記者の解説でこなしているのは、さすがだと思う。

批判には、その時点での実情を考えて政府批判をしている場合ではない、あるいは、放送の力を使って社会のために何かをすべき、あるいは、不確かなコメントをすべきでないなど、視聴者のいらだちが聞こえる。

■一部のコメンテーター（あるいは専門家）の中には、行政側（政府・県・市町村）の対応が遅いため救援物資が行きわたらず、被災者が大変な思いをしている、また復興についての道筋も明確でないなど、震災直後には批判的な発言が見られました。大混乱の中ですべてに平等に援助が行き渡ることは交通・通信状況などの阻害要件もあり不可能なことで、その辺の配慮が欠けている。（男　76）

■テレビのキャスターやコメンテーターがいろいろな立場で各々意見を言うなか、結局の所、言いっぱなしで終わるような印象を受けます。国難ともいえる災害ですから政府や役所を非難するだけでなく、放送界の影響力を駆使して復興への提案活動や風評被害対策などに取り組んで欲しいのです。（男　70）

■専門家と称する人たちの〝推測〟解説が繰り返され、詳細な実情が報告されていないことに不安といら立ちを誰もが持っています。（男　70）

■アナウンサー、コメンテーター、専門家も憶測で物を言うのは控えるべきで、わかっている事実のみを報道するべきと思います。（男　76）

■テレビ朝日の、アナウンサーではない、番組のナレーションを担当している女性。わざと落とした音調。物々しい語り口。全く聞いていて逃げ出したくなります。悲惨な状況を知

らせる番組だからといって、ナレーターまで落ち込んだら視聴者はがまんできません。（男　70）

（6）テレビの特性について――さまざまな批判があるものの、遡ってテレビ映像のすごさや、地震速報システムなど、テレビ・メディアの素晴らしい特性を、改めて認識するコメントがあった。

■地震速報がでるとほとんど間違いなく五～一〇秒後に地震が来るのに感心した。技術が進歩していると思う。気象庁との連携で、テレビは災害を少し減らすのに役に立つようになった。（女　68）

■わたしはあまりテレビを見ていませんが、巨大津波の空中からの映像にはびっくりしました。このような自然災害を映像で見ることははじめてでした。東北の太平洋沿岸の被災者の恐怖を共感したものでした。このような自然災害は一〇〇年に一回ほどのもので、貴重な体験をしたように思われます。そして原子力発電の事故と合わせて人生でも稀有の衝撃のようなものを実感しました。これは文字情報や写真情報とは大きく違っているテレビならではの質の高い情報であったと思うのです。一〇メートル級の大津波で民家も町も畑も流されてゆく姿、そして原子力発電の破損とその地域社会への放射能の恐怖を見ると、現在の文明社会の裏側を見てしまったような気持ちになりました。何千年も続く人類の歴史も危ういものの上に築かれていたことを理解しました。テレビの映像のリアル感がそのようにわたしに迫ってきたのです。（男　71）

■津波の映像はすさまじかった。震災の悲惨さがリアルに伝わった。（男　56）

■地震津波予想・速報はすこぶる有効、且つ不可欠。（男　70）

（7）CMについて

■民放もコマーシャルを流さなかったし、現在でも自粛が続いているのは快挙である。（男　56）

このように評価する意見はあった。たしかに、多くのスポンサーは、大勢の人の生死にかかわる災害の際に商品を売り込むことは、却って人々の反感をかうと考えて自粛するところが多かったからだ。そのため、広告主のはっきりした商品広告は流れなかったが、それに代わり、ACジャパン（旧・公共広告機構）の広告が、繰り返し流された。とくに地震発生からしばらくの期間、ACジャパンが用意した広告の種類は少なかったので、繰り返し同じCMが流され、うんざりする人も多かった。

■民放の放送の合間に入るACジャパンのCMが気になっ

た。なんか暗いものが多く、説教じみている。それがどの局に回しても繰り返し出されると、無性に腹が立ってくる。それらのCMがでてくるだけで、気分が悪くなりテレビを消したくなる。なんとかならないものか。（女　68）

■くだらないコマーシャルを自粛して流さなかったのは民放の正しい判断と思いますが、各局とも全く同じ数本のコマーシャルを、これでもかこれでもかというほどしつこく流したのはなぜでしょうか。むしろ、コマーシャルを少なくするべきでしょう。コマーシャルの時間枠にとらわれる必要は全くないと思います。（男　76）

　関係者から得た情報によれば、3月中のCM枠はほとんどのスポンサーが料金を支払って、自社CMをながすことを自粛したのだそうだ。その場合、広告枠を残さずに本編にしてしまうと、広告料金をとれないとか。そのため、AC広告で埋めたということのようだ。しかし、だからと言って繰り返し同じCMで埋めるだけの作業をして、それでよしとするのはいかがなものか。それを見せられる視聴者のことに考えが及んだでしょうか。また、公共の電波を無駄に消費しているという発想はなかったでしょうか。二〜三分のCM枠を安否情報にするなどほかに有効な使い方もあったのではないか。民放はどこも、このCM時間枠の処理の仕方は杜撰だったと言わざるを得ないと思う。

（8）提言——以上のように、多くの批判が伝えられた中で、それを解決して次につなげようという提言もあった。

■東電、原子力保安院、関係官庁、官邸などの当事者責任能力のある人が一堂に会して、専門家集団を前に質問をする番組を、共同でもつことが、もっとも早道だと思います。（男　69）

■「群盲巨象をなぜる」愚かな報道を切り替えてほしいと思います。（男　72）

■いくつかの心ある局なし番組、そして、新聞、ラジオなどが連携して、最低限度の正確な報道に関する共同提案をする働きかけはできないでしょうか。（男　69）

　そういう試みも必要なこともあるが、情報が一元化する恐ろしさも同時にあるので、やはり、メディアは高度な専門知識と判断力をもった人々を養成し、それを上手に説明できる人を生み出していくことが、プロの仕事として必要なのではないでしょうか。そういう局の姿勢がこれからは評価されると思う。

　また、「自粛から再生へ」と題して次のような提言もあった。

■（今回の震災による）ストック喪失二〇～三〇億円、日本の再生のためには、これに倍する復興需要＝フローが予想され、未来は明るいでしょうが、復興には時間と国民負担が不可避だと報道されています。他方、そんな中で自粛拡大が続いています。メディアはこのときこそ、祭り、旅行、式典、コンサートなど「復興へ元気を出そう」とキャンペーンを打ってほしい。そして、各種の信頼性が保障できる募金、チャリティをつけるキャンペーンなどには、非課税制度の創設などをしたらどうか。…再生してこそ鎮魂。（男　72）

本当に、復興のためには自粛だけでなく経済活性化をはかることが大事なので、人々が広い気持ちで行動することと、それを支えるのに必要なシステムづくりの提案が書かれている。

（9）　その他――そのほかに、次のような意見もあった。

■この映像をたくさん見た結果、見ていると気持ちが悪くなり、消さずにいられなくなった。災害報道視すぎ症候群のようなものに少しかかってしまった。（女　68）

■危険だとわかっても、何百万人もの人が避難することはできないので、動かないでいるしか方法はない。こういうとき、人間の覚悟とか人生観についての話題は禁物なのであろうか。そういう視点は全くないことが、ある意味、現代の皮相的な世相をものがたっている。（女　68）

■被災地の惨状や被災者の表情、避難場所の状況など見る程に慰めようのないつらい気持ちになります。僅かな募金にたくして祈るばかりです。（男　70）

■直接復旧に携わっている消防署・自衛隊・作業員には本当に頭が下がります。（男　76）

（10）　内外メディア比較――国内外の報道について興味深い比較をしたレポートが寄せられたので、そのまま掲載させていただく。

■全体的な感想です。私は地震の二週間後に米国から帰国しました。地震直後の二週間は米国のメディア、最近の一週間は日本のメディアに主に触れたことになります。

（1）　米国メディア（CNN、FOX、PBS、Local局）について

・Local局のregularのニュース（木曜夜10時PST）で地震の第一報を知る。地震のおよそ三〇分後でした。CNNまたはFOXで情報収集。映像はNHK、テレビ朝日などを使用。

特に津波の映像は衝撃的でした。翌日（PSTで金曜日）には早くも原発事故にテーマがシフトしていきました。家族

（日本・神奈川県）から日本のメディア報道について聞きましたが、この時点では、原発よりも地震・津波の被害に報道が集中していたようです。この段階では、米国メディアの方が原発事故について多くの情報を提供していたように思います。スリーマイル島原発事故との類似性（炉心溶融）も早くから報道されていました。

・ＣＮＮやFOX News Channelでは翌週の半ばごろまで国際ニュースの大半を原発事故に費やしていた印象があります。リビアなどの中東情勢がそれまでの主役でしたが、これは片隅に追いやられていました。

・米軍の活動、長期滞在中の米国人の動向、米国の原発の状況との比較、日本経済の短期的見通し、長期の影響など、日米の結びつきを思わせる報道が特徴的でした。

・ＰＢＳでは毎日ＮＨＫの英語放送（World Newsなど）が流れており、日本の様子を知るのに役立ちました。低視聴率でしょうが、やはり、日本を代表するメディアだと思いました。

（2）日本メディア

・最近の一週間は報道も落ち着いているようです。原発事故ではＮＨＫと民間放送の特徴がはっきりと表れているように思いました。事実関係・解説では適切と思われる専門家を配するなどＮＨＫが明らかに優れています。民放の朝のニュースショーもよく見るのですが、レギュラーのコメンテーターの守備範囲を超えており、むしろ不安感を招くのではと危惧します。その代わり、被災者の様子などを伝えるルポルタージュには、心温まるもの、共感を誘うものがあるように思いました。

・原発事故については色々な立場の専門家がその動向に着目しています。もし報道される内容に専門家として疑念があれば、ネットなどを活用して、その疑念を公表することも可能です。このため、環境データなどの情報やその解釈が恣意的に操作される可能性は低いと思われます。

・原発事故の終息を含めて震災からの復興は長期戦です。息詰まる報道だけでは私たちの気持ちが続きません。ドラマ、スポーツ、芸能、バラエティなど、メディアが提供してくれるentertainmentも大切に思います。stupidなお笑いも含めて。多くのニーズに応えられるような多チャンネルが必要に思います。（男　56）

三　特定のテレビ番組についてのコメント

（1）ＮＨＫの番組

「災害といえばＮＨＫ」ということで、災害があったらただちに情報はＮＨＫを頼りにしてもらおうというのがＮＨＫの根本方針。そのことに関しては視聴者の側でも、地震があったらＮＨＫをつけてみる、という行為を日常化している人は多い。ＮＨＫの設備やマニュアルをみても、気象庁と直結するコミュニケーション・システムを持つことによって、災害を直ちに知りその概要を視聴者に伝えるための体制作りは進んでいると思われる。それだけに、ＮＨＫに期待するものは大きく、その結果、期待に対する答えがどのように出ているかにより、評価が分かれた。

まず、もっとも多かったのが、「安全性」に関する問題で、ＮＨＫは国民がパニックを起こさないように、「できるだけ控えめに報道する」ことについての疑問を呈する意見で、それは、地震・津波災害から福島原発の放射能に問題が移るころから、激しくなった。例えば、『ニュースウォッチ９』については、次のような意見があった。

■放射線量が「基準値」を超えているのに、どのテレビでも学者や専門家は「健康には支障がない、安全だ」という。安全なら、何のために基準値が決められているのか。大いに疑問だし、信用できないと思っていたが、二八日か二九日のＮＨＫの九時のニュースに出ていた学者の人は「基準値を超えているけど安全というのは、かえって不安を与える、そもそも飛散した放射線量に安全などという基準はないのだ」とはっきり言っていた。このごろになって、やっとテレビの論調も、説得力を持ってきて少し変わってきたように思う。（男　65）

一方、ワイドショー的な番組では、違う観点から評価するものがあった。とくに、次のコメントは、災害問題を語る上で見落としがちな重要なポイント、ジェンダーの視点について述べていることが注目される。

■ＮＨＫ『あさイチ』——視聴者の意見（ファックス、メール）を紹介しつつ、今回の震災を考える点、ジェンダー、家族構成（乳児がいる、未就学児童がいるなど）、社会における位置（高齢者などの社会的弱者など）などを少しではあるが、考慮している点は評価できた。コメンテーター（その日のテーマの専門家）（災害対策・男性）が「人口の半分は女性だから、女性も意思決定の場にだすべき」と発言していたのは、良い点だったと思う（確かに政策決定する場に女性の姿はあまり報道されない。本当に存在しないのか？　と思ってしまう）。他のＮＨＫの討論番組など、ほとんどが男性のみで、マイノリティに関しての視点が欠けている。『あさイチ』は生活情報番組なので、まだましだが、ほとんどのＮＨＫの視点が男性・強者中心的なのは、改善すべき点だと思う。（女　40）

新潟地震の際も被災者支援の中で、女性の要求が必ずしも取り上げられていないことが問題になった。その反省が今回は少しは生かされていると聞くが、実際のテレビ画面を見ているといつにもまして男性ばかり。フランスからは原子力の総合国策会社アレバからさっそうとアンヌ・ローベルジョンCEOが来日し、日本の原発事故に対処しているのをみると、日本の女性の科学分野への参加の遅れと、男女共同参画社会とは名ばかりだと思わせる。女性の力をフルに生かして利用しなければ、復興もおぼつかないのではないか。そのほか、番組を見て以下のような感想を送ってくれた人もいた。

■NHK『クローズアップ現代』――工場を津波で失い致命的ダメージを受けながら、「五年以内に必ず再生して見せる」というエネルギー経営者の熱い「思い」のある日本。（男70）

■NHK『クローズアップ現代』――天災から放射能等が出て、人に災いをもたらしている。日々の暮らしの中で未来を生きる子供たちへ、何を伝え何を残していくか？　模索する毎日です。（女73）

（2）民放の番組

民放番組については、局により反応が多かったところと少なかったところがあった。それは、たまたま見た番組についての感想である場合もあれば、震災番組として意識してみたものもあったのでしょう。TBSの二つの番組には、出演者によって相反する評価が出ている。

■TBS『みのもんたの朝ズバッ!!』――みのもんたの司会は全く理性的でない。彼のやり方は、ただ、政府や東電を批判するだけで、なんら建設的ではない。また、自分の理解力の不足をすべて発表している人や評論家のせいにする。そして、誤解をもとに不安をあおり、危険性ばかりを強調している。視聴者を「あおる」司会は、このような事態のときには危険である。（女63）

■TBS『報道特集』3月26日――金平茂紀氏のレポートなどが、少しでも原発や放射能の実態を伝えるべく、例外的に良心的な報道をしていたことが、唯一の救いである。（男46）

局別には、テレビ朝日の番組に対する反応が多かった。それだけ、この局が〝報道的〟な番組に力を入れている証拠だろう。評判が良かったのは次の三番組。

■テレビ朝日『東日本大地震100時間全記録』3月15日――地震から一〇〇時間と言う短時間の中で構成、内容共に良かった。被災地のドキュメンタリー風津波の映像、避難所からの肉親の消息を尋ねる、自分の無事を知らせるなど大変

良かった。（男 72）

■テレビ朝日『池上彰、学べるニュース緊急放送、東日本大震災』3月16日・23日・30日——非常にタイムリーな番組で普段のお笑い系のタレントも出演せずおちついた感じのアナウンサーと学者で地震、津波、原発のことが池上彰のよどみない解説でよくわかった。他局がニュース的な番組の中で秀逸であった。（男 72）

■テレビ朝日『ドキュメンタリー宣言 拡大版』3月19日——通常の三〇分を拡大して地震、津波、原発、などを取り上げタイムリーな内容であった。それにしてもテレ朝系の番組によく出てくる、宮古の津波の映像は凄い。（男 72）

それに対し、問題ありと指摘されたのは次の二番組。

■テレビ朝日『激論!クロスファイア』3月26日——田原総一朗が司会の番組で、福島原発事故に関して、長崎大学の長瀧名誉教授（だったと思う）にインタビューをしていた。田原氏のコメントが感情的で、問題がないのに問題があるような印象を与える話ぶりで、いたずらに視聴者の不安をあおっているように思えた。他方、教授は田原氏とは対照的で、静かに言葉を選んで語っており、信頼できる話しぶりであった。報道的役割をするメディアに必要なのは、感情的な〝激論〟ではなくて、冷静な議論や客観的な情報だと思う。声が大きかったり言葉の激しいのが、この司会者の特徴だと思うが、もう少し理性的な議論をしてもらいたいものである。（男 62）

■テレビ朝日『朝まで生テレビ!!』3月26日——「原発事故に関して、どんな多様で異質な意見がぶつかりあうのかと、2日深夜の『朝まで生テレビ!!』を、ちょっとは期待して見たが、心底がっかり。唖然とさせられる無内容さに、途中で見るのをやめて寝た。巨大スポンサー兼圧力団体＝電事連に怯える民放の習いだろうか。朝生よおまえもか！ と思う。ことさら平然としてみせる政治家や御用学者にも虫酸が走るが、勝間和代やらホリエモンやらがあたかも「無知な大衆」を小馬鹿にする体で放射能や原発の無害と安全（！）をグロテスクに喚き立てるだけの番組とは、驚き呆れる。

一方で「未曾有の大事故」といいながら、同時に「安心」「安全」を均質に繰り返すテレビの矛盾。「未曾有」なのにどうして確信をもって断言できるのだろうか。そんなテレビをだれが信用するだろうか？ 人類にとって未知の異常な事態がいまここで起こっているのに、呪文のように「安心」の催眠術で目をくらまし、政府＝官僚＝電力会社と一体化した学者連中や、軽薄なタレント経済評論家を繰り出し、「無知で愚かな大衆」の「不安」を餌にして、「必要なリスクだから」と愚弄し笑っている。そんなに安心なら福島原発の建屋で放射能のお湯につかり、「いい湯だな〜」と鼻歌でも歌いなが

ら中継して下さい。いままさに原発では水素爆発でも現場作業でも現実に被害者が出ているのだし、そもそも今回の事故以前からずっと下請け孫請けの労働者＝社会的弱者たちが悲惨な目に遭ってきた実態は明らかなのに、テレビはいまそのことすらほとんど伝えようとはしない。原発はまた政治問題でもあるはずなのに。なすすべもなくひたすら事態の収束を待ち、なにごともなかったかのように「日常」に戻ろうと躍起になっているだけのように見える。民放はすでにほぼそうなっているから、まるで見る気が起きない。地震と津波という天災に対してはその恐怖と被害の驚くべき甚大さに「涙」で報い、「がんばろう日本」のナショナリズムで矮小化した物語にすりかえていく。原発事故という人災ですら、同じような物語にすりかえられつつある。

このように大きな出来事とその犠牲をなかったことにしてしまい、3・11以前と以後でなにも変えられず元にもどるだけなら、そんな社会もテレビも私たちも、最低ではないか。この災害と事故を契機に、原発や電力の問題をはじめとして、たまたま生存しているにすぎない私たちの生活のしかたそのものを考え直すべき時であり、ピンチをチャンスに変えるべき時だと思われるのに、なにもかもうやむやにすまそうとするなら、テレビなんかもういらないよ！（男　46）

一方、二年前に番組を立ちあげ、つい先ごろその成功に対し「感謝の集い」を開いたBSフジの二時間ニュースである『プライムニュース』は、じっくりとニュースを掘り下げる姿勢が、東日本大震災でも発揮され、好評を得ている。

■BSフジ『プライムニュース』――さまざまな分野の実際的な専門家から、時間をしっかりとかけて、役に立つ話を引き出している。（男　69）

四　まとめ

以上のように、今回の「東日本大震災」報道については、一人ひとりが非常に長いコメントを寄せてくださったのが特徴といえる。それだけ、みなさんがこの問題に対しては深く思うところがあり、批判の裏にはテレビに対する期待があることも推測される。

関東大震災はラジオさえまだない時代だったので、噂や風評がさまざまな問題を引き起こした。今、テレビは、不幸にして災害が起こった時にその被害を小さくしたり、人々の生活の安定を下支えしたりするメディアとして、期待されているのではないか。人々に適切で正しい情報を提供し、それによって個人個人が自主的に判断してあるべき行動をとることが理想だ。風評被害を出すメディアではなく、それを抑えるためのメディアとして使えないか。

さらに、テレビ・メディアは、これから復興に際し何ができるかをもっと考えていく必要がある。東京電力が計画停電を発表しながら、必ずしも実施しないで済んでいるのは、人々が自主的に節電に取り組んでいるからだ。いま、日本の人々は、社会全体を考えてこのような協力をできる理性を持っている。一方で、買い占めや買い控えで物流が滞ることもあるが、これとても適切な情報の提供でかなり軽減できるかもしれない。

公共的なメディアとしての責任と義務を果たしつつ、あらたな「災害からの再生メディア」としての役割を自らに課し社会的貢献を果たすことが、間もなく還暦を迎えるテレビが、これからも人々に愛され信頼されて生き伸びる道なのではないでしょうか。

あなたもhttp://quae.jp/にアクセスして、調査に参加してみませんか？　過去の調査結果も同サイトに掲載されていますので、ぜひご覧ください。